繁盛続ける理容室の
お客様から愛されるお店づくり

大平法正 著

セルバ出版

はじめに

私が両親の跡を継ぎ、理容室「ザンギリ」の経営に携わるようになってはや12年が過ぎ去ろうとしています。お陰様で当店は、社会的・経済的に環境の厳しい中にもかかわらず、前年度UPを続けてきております。私たちがこうしてやってこれましたのも、ひとえに常連客様をはじめとする多くのお客様に支えられてこそだと改めて感謝しております。

私たちがこれまでに実行したことで、そうした多くのお客様に愛され続けられたことに、何か秘訣があるとすれば、それは、同業者の方や他の店舗経営者の方などで、経営に困っておられる方にとって何らかのヒントになるかもしれません。私たちが今まで考え、実行してきたことを、本書に執筆させていただきました。

本書にはこれまでに確信をもって、あるいは、ときに迷いながらも、「お客様に喜んでいただける」ことを第一に、当店が行ってきたサービスや施策を具体的に紹介させていただいております。また、当店のみならず、ユニークな取り組みをされているお店のご紹介もさせていただきました。

本書が店舗経営に悩み・困っている、1人でも多くの方にお役に立てれば、これほど嬉しいことはございません。

２０２１年８月

大平　法正

繁盛続ける理容室のお客様から愛されるお店づくり　目次

第2章 なぜ親子2代亀裂が入らずできたか

第3章 いいチームづくりはこうしてできる〜離職ゼロの秘密

第４章　お客様を喜ばせるアイデアがブランドをつくる

第5章　好きなことを仕事に

プロローグ

無理していませんか？
貴店の集客の
取り組み

近年理容業界の景気はいいとは言えません。

図表1を見ても経営状況が昨年より売上が上がっている理容室は6％しかありません。内訳としては客数の減少が一番多く少子高齢化、デフレが原因かと思われます。

その次に低料金店の出現ですが、これは1000円カットでカットオンリーサロンが増え、そちらにお客様が移行したことになります。

しかしながら6％の店は売上が上がっています。これはなぜでしょうか？

ザンギリでは過去10年売上が右肩上がりです（図表4）。

お客様の数ももちろん増えています。図表3の前年比売上も5％を超えていますので、全体の3％の中に入っています。理容室の総合調査（カット、シャンプー、顔そり）の平均単価も最近で3700円です。

しかしながらザンギリは約7000円で、倍近い値段です。新宿という場所で人口が多いからでしょうか？　いい客層だからでしょうか？　いろいろなことをやっているうちにその鎖が繋がりうまく連動していきました。

お店を永続的に繁栄していくには売上を上げるのはもちろんですが、それと重なって大事なのは人、物、金とよく言いますが、やはり人が大切です。人とは働く人、来てくれる人があっての商売になります。そこを間違えると本末転倒になってしまいます。

では、次のページから私たちの取り組みをご紹介いたします。少しでもヒントになれば幸いです。

【理容室の6パーセントは毎年売上が下がっている中で売上2倍!!】

〔図表1　(参照：全国理容生活衛生同業組合、理容統計)〕

経営状況について

	サンプル数	客数の減少	低料金店の出現	地域の人口減少	経費の増加	スタッフの減少	料金の値下げ	経費の節減	料金の値上げ	スタッフの増加	地域の人口増加	客数の増加	その他	不明
増加した	100	0%	0%	0%	4%	1%	0%	18%	14%	15%	14%	82%	16%	2%
横ばい	465	44.1%	21.3%	22.4%	8.8%	4.1%	0.4%	17%	1.5%	0.6%	3%	3%	11.8%	17.2%
減少した	869	89.9%	43.2%	36.2%	9.8%	3.9%	2%	1.4%	80%	70%	10%	0%	8.6%	1.3%

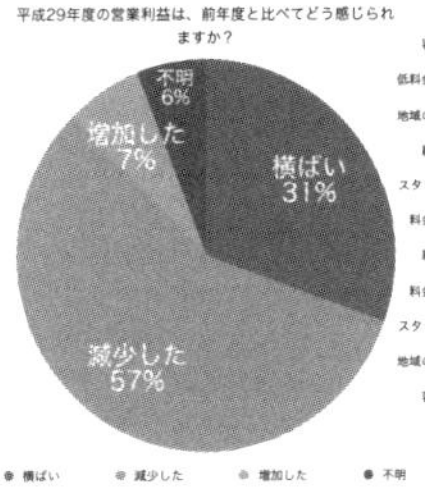

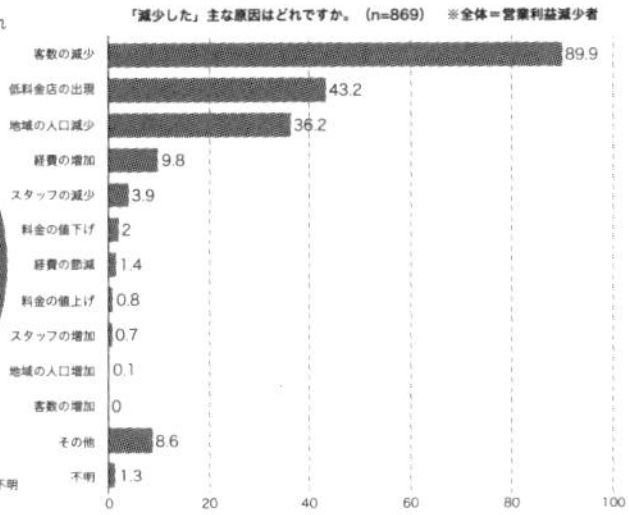

〔図表2 (参照:全国理容生活衛生同業組合、理容統計)〕

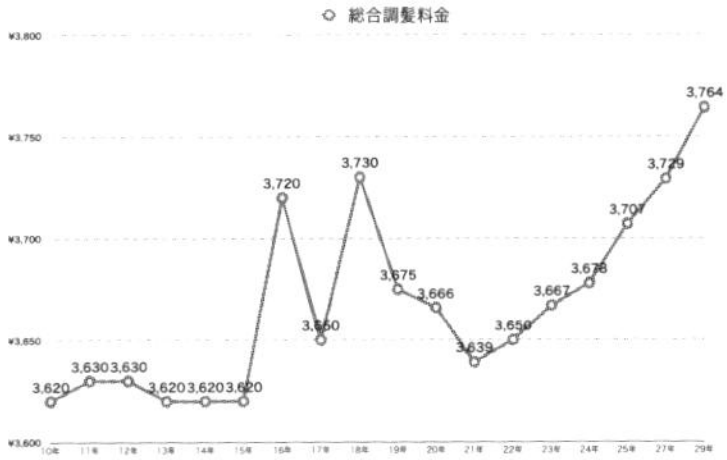

〔図表3 (参照:全国理容生活衛生同業組合、理容統計)〕

売上高の前年比・経営主体別 (%)

	5%以上増加	1～4%増加	1%未満の増減(ほぼ増減なし)	1～4%減少	5%以上減少	開業して2年未満のため分からない	不詳
総数	2.9	4.5	14.6	39.9	35.5	1.1	1.6
個人経営	2.3	3.7	14.6	40.0	37.1	1.1	1.1
株式会社	13.0	17.4	17.4	39.1	13.0	0.0	0.0
不詳	0.0	0.0	0.0	33.3	0.0	0.0	66.7

株式会社に有限会社を含む

平成27年11月9日に実施した「生活衛生関係営業経営実態調査」

〔図表4　ザンギリの売上〕

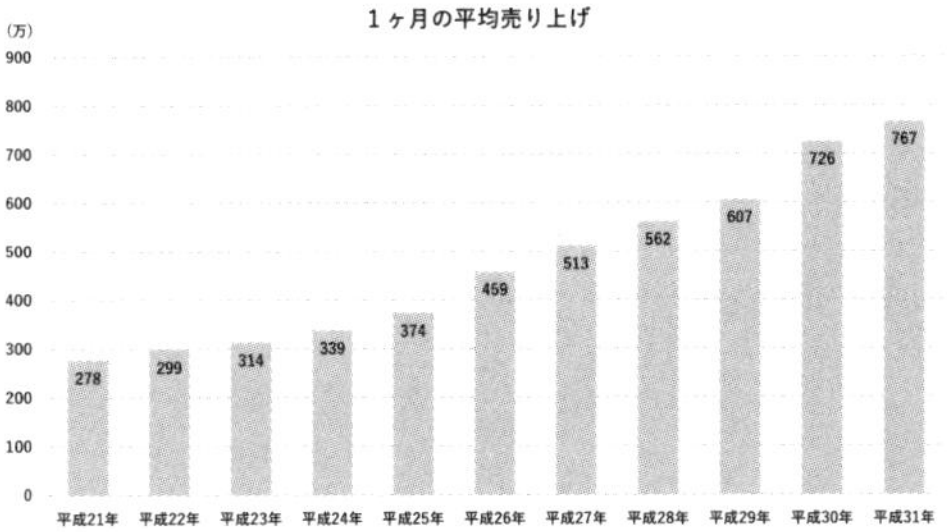

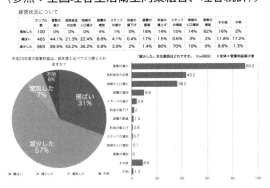

◇無理していませんか？　貴店の集客の取り組み

売上が下がったのでなんとかしようという焦りは誰でもあります。ともすれば、そこで空回りして余計に出費と労力、体力がなくなり負のループに陥りかねません。まずは落ち着いて1つひとつ着実に見直していくことが大切です。

・ターゲットを絞らずにみんなを集めようとしている
・古い業界のしきたりを守ろうとしている
・新しいことにチャレンジできない
・内装をとにかくきれいにしよう！
・常連様は必ずきてくれると思っている
・自分の店のことは全部頭に入っている

など、思い当たる方は意外とよい結果になっていないのではないでしょうか。お金をかけずにできることは沢山あります。店の内装などお金をかけても自分が思っている以上にお客様は気づいていないものです。

しかし、ちょっとした工夫次第でお客様の反応も変わっていきます。この後の事例でご紹介します。

第1章

ザンギリはなぜ行列ができたのか？

◇ターゲットを狭くしたら右肩上がりが始まった

お店づくりはコンセプトを明確に

ザンギリのコンセプトはビジネスマンのパワースポット、サブタイトルが「日本一出世するビジネスマンの多い理容室」です。創業からオフィス街という場所柄ビジネスマンが多くきていました。しかしながらビジネスマン皆おいで！　といっても響きません。1人に届くように伝えています。と声をかけているつもりでターゲットを絞りました。

そして何か一番になっていることはあるか考えました。新宿で一番古い、新宿で一番席数が多い、サービスマッサージの時間が一番長い、などいろいろ考えましたが、新宿で約40年営業しているので、来店される常連客は社長が多かったのです。新宿駅も利用数が世界一ですので、思い切って日本一出世するビジネスマンが多い理容室にしました。

そして一般的で有名なペルソナの法則で、ザンギリでは40代の男性が毎日仕事で疲れている生活の中で、理容室に来て心身ともにリラックス、リフレッシュして仕事のやる気がまた出て、みるみる出世して社長になるという物語にしています。

実際手づくりで絵本もつくり、店の待合に置いてお客様に読んでいただいています。そして欲を満たす出世をキーワードにキャッチフレーズをビジネスマンのパワースポットにしました。「ターゲットを絞ると共感が生まれる」そのコンセプトを基に店づくりを徹底していきました。

例えば居酒屋でも男のハイボールというメニューでものすごく大きなジョッキに入っているとします。飲む人はもちろんお酒好きの男性ですが、お酒好きな女性も飲みます。ターゲットを絞ることで共感が生まれるのです。

ザンギリもターゲットを絞ったことにより出世したい女性も来ています。社長を夢見る就活生などターゲットではないのですが、共感し面接が始まる頃には多くご来店されます。今では運気が上がることに期待をして楽しみに来ていただいています。

ターゲットを絞ってからのいろいろなアイデア、工夫はこのあといろいろとご紹介しています。

◇とにかく地味こそ命

お客様は意外と覚えていない

私が実家に戻ってから、予算がそれほどかけられないこともあり、ザンギリのお客様へのサービスは、材料費をほぼかけていません。そのあとにもアイデアは紹介しますが、例えば店内の飾りつけなども高額な物はもちろん見栄えはいいですが、意外とお客様は覚えていません。

改装して何年も経っているのに、たまに「こんなスピーカーありましたか?」という声を聞きます。こちら側は「前からあったよ!!」と思っていても実際毎日来ていれば別ですが、そこまで興味

〔図表５　店内手づくり　ディスプレイ〕

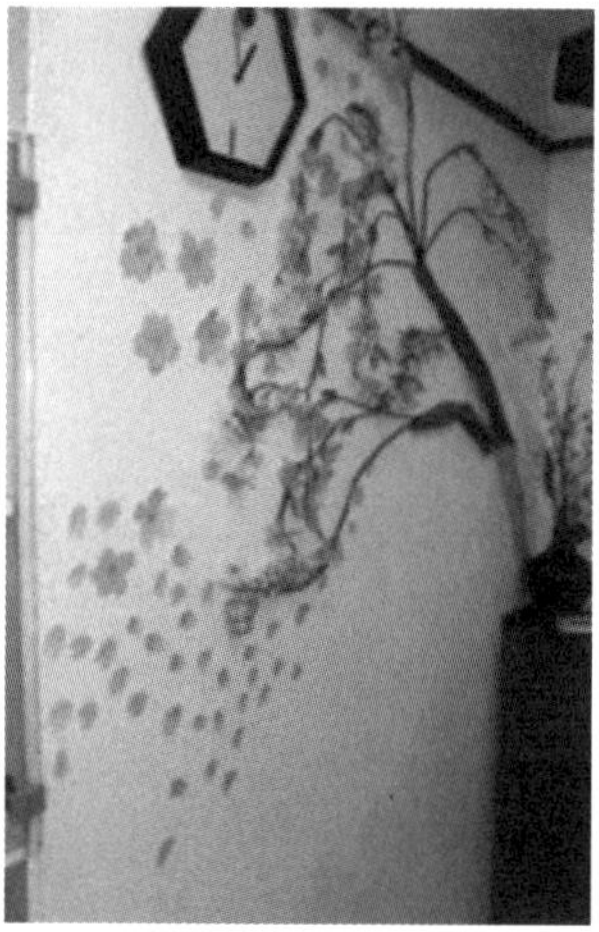

〔図表６　アナログ看板〕

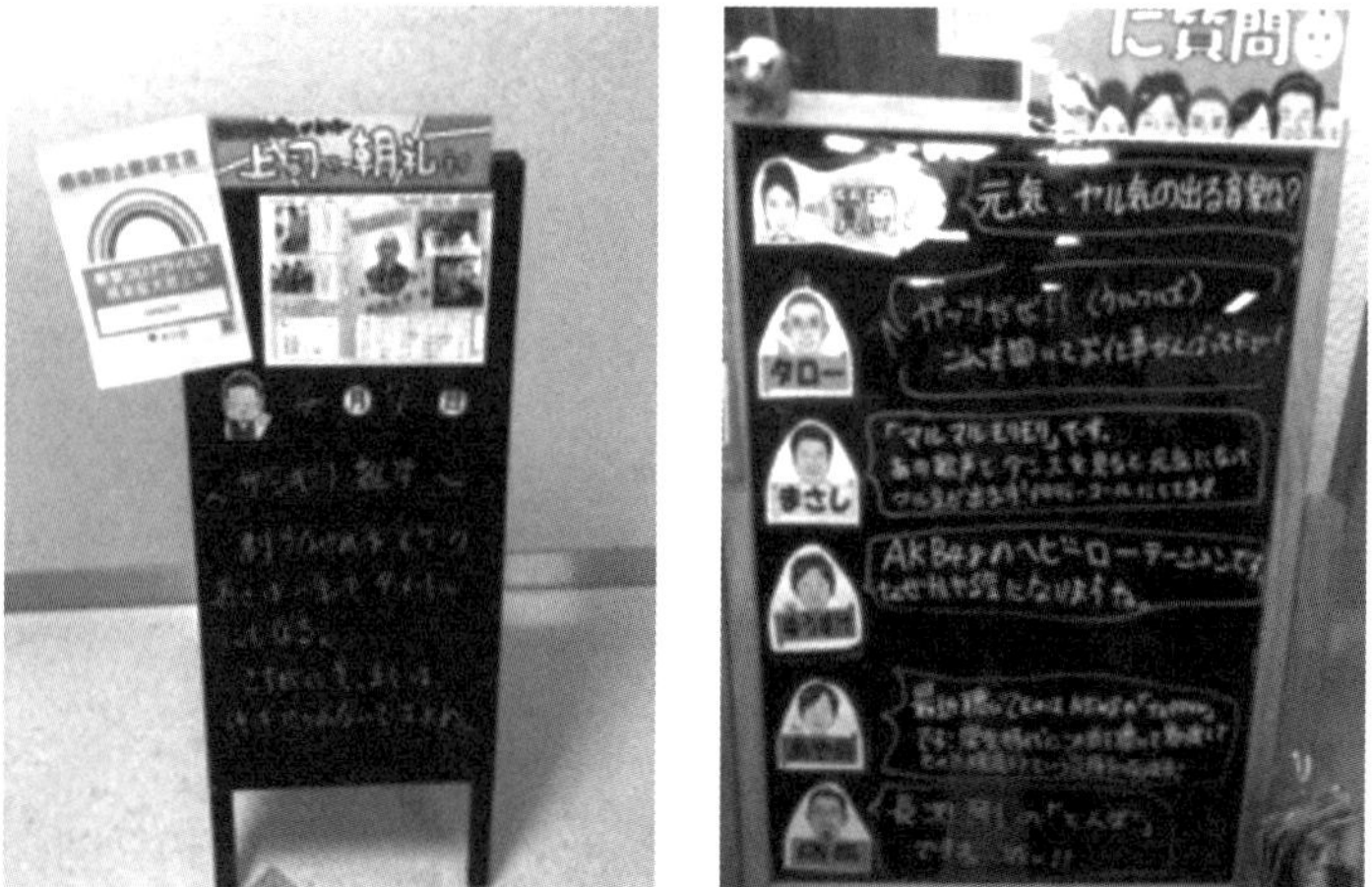

も示しませんし、視点も毎回バラバラです。

お金をかけなくてもいいものはつくれる

それよりは100均の店でもおしゃれなものもあるので、季節ごとに変えたりしているほうが季節感がありますし、お客様もいつもなにか変化があると営業努力を感心してくれます。例えば、桜の季節になるとみんなでピンクの折り紙を買ってきてそれを桜の花にして壁に貼っていました。秋は紅葉が美しい季節なので、秋っぽい葉っぱを切って貼ったりと工夫してきました（図表5）。

店内は地下にありますが、1階に黒板風の手描きのサインボードがあり、スタッフが毎日更新しています。それを毎日店の売り込み以外のことでお客様が「なるほど！」など得になる内容を書いています。それを見てご来店する方もいます（図表6）。これも10年続けている結果かと思います。どのサービス業も明日売上が倍になるということはありません（一時的なことはあるかもしれませんが）。地道にコツコツ工夫していくことが一番の近道だと実感しています。

◇予約制!?

今の時代は予約制が主流

2000年頃から理美容室は予約が主流になってきました。私が実家に戻ったときは予約を取らない順番制の形でしたが、予約にしたほうがいいと思い1時間に1人くらいの枠で入れていました。

しかし元々の常連様がわざわざ予約なんてしてくれません。

予約の人用の席を空けておきますが、30年以上の常連様がきたときはヒヤヒヤしてどうしようかということが何度もありました。

それについて父親ともどっちが大事かというような話もしました。

予約制にしないほうが回転率はいい

おかげさまで椅子の台数も7台あり効率よく回るので、今現在は予約制は止めて順番制にしました。椅子が2台でしたら予約制がいいかと思いますが、ザンギリのお客様は髪を切りたいときにフラッと来られるのが最大の利点という人が多数でした。

予約制は店側の勝手であり、お客様をないがしろにするものではありません。店側も稼働率の最大化を測るためにはとても有利ですし、お客様は今！ が大事であると考えています。

多いときは外に10人以上行列ができる場合もありますが、どんなに忙しい人でも、嬉しいことに基本的に待っていただいています。それでも10人くらい待つと1時間以上は待っていただくこともあります。嬉しい悲鳴でお客様を待たせないのもサービスです。

そこで昨年（西暦2018年）、近くに支店をつくり完全予約制にして、その日の予定が決まっている人はそこで予約、当日予約が取れなくてどうしても髪を切りたい人は本店という、うまい使い分けをさせていただいています。

◇お客様の生の声を聞く

お客様は本音を言っていない

実家に帰って5年してから26年ぶりにリニューアルをしました。その頃からコンセプトも明確にし、ビジネスマンのパワースポットを掲げ、それに合う内装、メニューサービスを充実させてきました。

もちろん、お客様が喜んでもらえるだろうと考えながらやってきました。ですが、あくまでも自己満足です。実際に喜んでいるのか？　こちら側に社交辞令でいいね！　といってくれているのか？　など実際の声はわかりません。

何気ない常連様がボソッという一言も本音ですので、そのことを踏まえてできる限りの対策をとるつもりですが、そのような一言は多いわけではありません。

そこであるセミナーに行った際に、アンケート調査の話を聞きました。それは、店に来てその場で実際に書いていただくアンケートではなく、アンケート調査会社にすべて依頼するシステムです。

詳しくいうと、必要事項（内容はよいところ、悪いところと、３段階評価）と書いてあるところに店の評価を書くと、あとで内容がまとめられて店に届きます。そのアンケートにお客様が評価を書くと、お客様がどんな内容を書かれたかはわかりませんが、誰が書いてくれたということだけ店に知らせが入ります。ですので、好きなことを書いてくださいと伝えています。実際に書いていただいた人には、何かしらのお礼をしています。

なお、実際には誰が何を書かれたか、その内容のすべてが店に報告されます。それで今の常連様の感じていることがわかります。

お客様の本音がわかると対策もできる

実際にリアルな声が多数ありました。内容を見るのはドキドキで不安でした。例えば、スタッフの靴が汚い、メニューをすすめ過ぎ、マッサージをもっと長くして欲しい、ガーゼが臭い、などいろいろとボディーブローが効いてくるくらいありました。嬉しいことに接客に関しては1つもありませんでした。

そこでスタッフに伝え、より一層自信を持つことができました。メニューすすめ過ぎと書いていただいた人には、その人のカルテに「押し売りしない！　注意」と書いて対策しました。

全体的にも売り込みをしないで済むようなマニュアルもつくりました。靴も汚いスタッフがいるということで、月1回靴磨き職人に磨いてもらい、洋服代も店側が負担するようにしました。

明らかにできないのもありますが、すぐにでもできることは多くあります。お客様に安心してご利用いただくためには、声を聞くことは大事だと痛感しました。

◇新しいことはなんでもする、固定観念を捨てろ

まずは流行を試すことが大事

現在では、時代のスピードは10年が1日のペースといわれています。情報はインターネットを見ればすぐに見つかるとても便利な時代です。昔は・・・的な話を20代前半の若いスタッフに話をすると?? となることは皆様もよくある話ではないでしょうか？ 物はどんどん便利になっています。私が実家に帰った10年前にブログは流行り始めました。

そしてツイッター、フェイスブックなどのＳＮＳが徐々に広まってきました。とにかく今流行っているものをまずはやってみています。前から目新しいものは好きでしたが、幼少の頃は最新のゲーム、おもちゃを親から買ってもらっていた家ではなく、羨ましく思うほうでした。いつもいいな〜と思っていて、持っている人から貸してもらって遊んでいました。

なので、その欲求かどうかはわかりませんが、とにかく今流行っているものはとにかくやります。特に最近のものはスマホでプレイすることが多く、最初はお金を使うことはほとんどありません。あとは流行りの食べ物、イベントなどもいろいろとチェックしています。

「百聞は一見に如かず」といいます。やはり実際に体験してみて自分で何を感じたか、それを自分の店でどう活かすか、こうされて嬉しかった、ここが不満だったなど、いろいろと出てくると思

います。そうした投資がとても大事になると感じます。

そうした中で多くのヒントがありました。井の中の蛙にならないように1歩外に出てみてもよいですし、たまに帰り道を変えても何か発見が出てくるときが多いです。それが看板のフレーズであったり、看板の見やすい使い方であったりと多くの発見があります。

昔はよかったと固定概念をなくし、若いスタッフから教えてもらうことも多数あります。今を大事にしています。

◇信頼するお客様がいれば値上げはできる

価値を感じてもらえれば理解してもらえる

消費税が10％に上がり、一層税金に対してシビアな世の中になってきています。ザンギリは、この10年で3回値上げをしました。結果的にはお客様は減らずむしろ増えました。そして売上も上がりました。

理容業の平均単価は約3500円です。10年前のザンギリは税込で4600円でした。周りからすると立地条件高めだと言えます。

2014年に8％となったとき、今後消費税が上がることを想定して4500円税別にしました。4600円の税抜きは4259円事実上の便乗値上げでもあります。このときはお客様に消費税を取ることになりましたと説明しましたが、誰も悪くいうお客様はいませんでした。

その３年後に２００円上げました。ちょうど改装ということもあり、店も綺麗になり価値を売っていこうと決めたからです。

値上げを怖がらなくても大丈夫

そして10％になる前に３００円上げて５０００円（税別）にしました。長年来店しているお客様からクレームなどがくるかと思い、内心怖かったのですが、「もっと上げれば」や「今までが安かったんだよ」といってくれるお客様が多くいらして、とても嬉しかったです。

もちろん、私たちサービス業は肉体労働です。人数を多くこなすよりは体も楽ですし、値段を上げた分サービスなどもっとよいものを追求する気持ちも高まります。

それは昨日今日のできたお客様とのよい関係ではなく、親の代からご来店いただいている常連様をはじめ、毎回の安心感からの信頼感になっていることだと感じます。

◇個人ではなく店のお客様

担当者を好きになるのではなくお店を好きになってもらう

ザンギリではあえて指名制をとっていません。最近の理美容室は指名制が当たり前で、指名によって料金が変わってきます。

指名にするメリット、デメリットがあります。メリットとしては、お客様が選んで毎回の同じヘアにする、予約の数で歩合が決まる、スタッフのシフトが組みやすいなどあります。

ザンギリでは完全にとはいえないまでも、「昔からの常連様はオーナーがやる！」といった店内での暗黙の了解的なことはありますが、指名を聞いたりすることはありません。指名料もありません。若いスタッフが初めて担当したお客様がリピートした際は、なるべく担当させていますが、もしその者が忙しかったら他の者が担当します。

昔は紙カルテで手書きでしたが、今は簡単に仕上がりの写真を撮って電子カルテにして保存できます。それを共有もできます。誰が切っても同じになるようにしています。実際は人間なので同じにはいきませんが……。それでも顧客のリピート率は90％を超えています。

また、他の者が担当になっても、必ず前回の担当者が合間を見て会話をしに行きます。それはお客様がスタッフ個人につくのではなく、店自体を好きになっていただくことに力を入れているからです。

常にスタッフ間でコミュニケーションを取ることが大事

毎回の会話をメモして共有したり、例えばあのお客様はスリッパを履くとか、ミント系のシャンプーは苦手など、来店されたときに先輩が後輩に伝えたりしています。お客様は「自分が求めている空間がある！」と思ってくださいます。

担当のスタッフが休んでいれば、「代わりにやっていいよ！」など嬉しい言葉をいただいたり、どうしてもあの担当者がいいとなれば出直して来てくださったりする場合もあります。１人のお客様を、みんなで徹底しておもてなしをしています。

◇自分の店の現状を知ることが鍵を握る

とにかく自分の店のことは細かく知っていること

毎日、毎月、何年も自分の店で働いていればよくも悪くも慣れてきます。まずは今の自分の店の現状を知ることが大事です。

例えば、店の売上、総人数、客単価など、今は顧客管理ソフトがあるため、簡単に見られるようになりましたが（私は最初は手書きで統計を取っていました）、もっと細かな情報（例えば、店はどの時間帯が混むのか、天気で混み具合が変わるのか、お客様はどんな服装の人が多いのか、家族構成はどうなのか、役職はどうなのかなど）を知ることが大事です。

その統計を取ることで、うちの店はこういう人が多いのか！　こういう傾向があるのか！　この時間帯が混んでいるのか！　雨の日は暇なのか！　と知ることができます。そしてそれを基に、何をしなくてはいけないかを考えることができます。

自分の店の弱点がわかれば改善すればいい

ザンギリのお客様には、昼間は仕事をしている会社員が多いために、午前中は暇な時間帯が多いです。

今の時代の30～40代の会社員は仕事中はもちろんのこと、昼休みに「髪を切ってきま～す！」というのは、職場の人からかなり軽蔑した目で見られるようです。

そこで、短時間で終わるメニュー、それも理容師の特権でもある顔そりを午前中限定でメニュー化しました。約15分程度です。

このことによって、徐々に午前中の空いている時間が埋まるようになりました。それにプラスして他のメニューもしていただくことも多く、単価がさらに上がりました。

しかもターゲットとしていた顧客層だけではなく、普段顔そりができない美容室に行っている人、知り合いに切ってもらっているから顔そりは頼みにくい人などには「なるほど、いいメニューですね！」と感謝の声を聞きます。多い人では1週間に4回来店される方もいます。

スタッフもまだカット勉強中のスタッフが担当します。お店が暇なときはカットする人も重ならないので、まだ見習いのスタッフは余っているだけで暇を持て余します。自分がメインで担当できるので責任を持ってやりがいも感じてもらえます。

車の車検も2年に1回必ず点検をします。自分の店も点検して弱みを知り、改善することで繁盛への道が開かれます。

◇トッピングメニューは常連様にすすめろ

付加価値をつけると効果的

ザンギリはカット、カラー、パーマの基本メニューとは別に、トッピングメニューをする方がとても多いです。イメージとしては、立ち食いそば屋に行って、かき揚げや卵、ほうれん草などを追加していくイメージです。立ち食いそば自体は安いと思うのですが、いろいろとトッピングを追加していくうちに1000円近くまでいってしまった！　という経験はございませんか？　もちろん、トッピングメニューも美味しくなくてはいけませんが。

ザンギリでは、カットに追加でワンコインメニューやコースメニューをオーダーしていただき、1万円くらいになる方は大勢いらっしゃいます。その詳細は、このあといろいろ説明しますが、常連様、ファンがいらっしゃいますので、多くのトッピングメニューを同時にオーダーしてくださる方々がいます。ザンギリでは、約8割のお客様にトッピングメニューを体験していただいています。

常連様が1番の応援団

売上全体の2割はオプションメニューです。例えば、近所のよく行く八百屋さんの前を通ったときに八百屋さんに、「奥さん！　今日はいい大根入ったのでどうですか？　おまけするよ！」とい

〔図表7　メニュー表〕

日本一出世するビジネスマンが多い理容室

運気アップメニュー

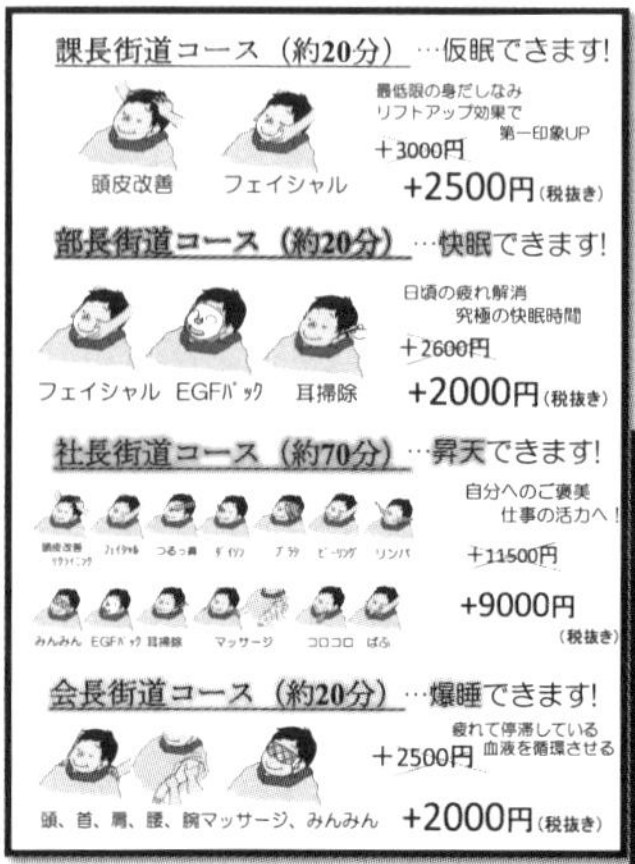

時間限定メニュー

われれば「そうなの？　じゃあ買おうかしら。今晩はおでんにでもしようかしら！」とうまくいけばなるわけです。

しかし、そこの八百屋さんの前を初めて通る人に「奥さん今日はいい大根ありますよ！」と声をかけても、大体の人は無視するか愛想笑いで通り過ぎますよね。もちろん、商品にブランドなどがあり、置いていれば売れるものもありますが、物があふれている時代になかなか難しいですよね。やはり常連様との信頼関係があって、あの人がすすめるならやってみようかな！　と思っていただければオーダーの確率は断然上がります。もちろん、よいものをオススメすることが前提となります。

したがって、５０００円の基本メニューですが、客単価は７０００円くらいになります。２０００円×月の総客数を考えると、すごい数字になると思います。数字数字とあまりいいたくはありませんが、お客様の信頼が大きな結果に結びつきます。

◇ザンギリの内装はこう考えた

改装は見た目の雰囲気と動きやすさが大事

25年ぶりに店の大型リニューアルをするときに内装をどうするかとても悩みました。一番考えなければいけないのは、お客様の居心地のよさと、店のスタッフが気持ちよく働けることです。そしてターゲットであるビジネスマンに「働く元気を与える！」ということです。

まずは平面図でデザイナーさんと話し合っていきますが、入り口から帰るまでの導線でお客様がストレスを感じずに動けるかです。入り口で荷物を預けて、席までご案内するときに狭くないかなど何回もイメージし、頭の中でロールプレイングしました。同様にスタッフの動きも片づけのとき、準備物などスムーズに動けるかを同じようにイメージしました。それを徐々に改良しながらデザインしていきます。あとは居心地のよさは心理学を用いて応用しました。

＊スピーカー・・・波動スピーカーという何処の場所にいても同じ音量で聞こえ、耳に気持ちよく入ってくるスピーカーにしました。

＊音楽・・・癒しを提供したいので、昼間は優雅にクラシックを流し、夕方からはジャズにして落ち着いた雰囲気にしました。

＊仕切り・・・半個室とまではいきませんが、必ず片方に仕切りがくるようにしています。人間端っこを好む習性があります。電車でも端っこに座ると落ち着きますよね。その心理で端っこ感を出して落ち着いていただきます。

＊ＬＥＤライトと蛍光灯・・・お客様に直接当たらないところはＬＥＤにして明るさを出しています。

直接光が当たる頭上は蛍光灯にしています。これは温かみを出すためです。お祭りのときの出店で出ている電球にはなぜか温かみが感じられます。あれがLEDだとなんか機械的に感じるのではないでしょうか？　そのため直接当たるところは蛍光灯にしています。そして昼間は店全体を少し暗くしています。夜は逆に明るくしています。昼間は、外は太陽が出て明るいため、暗いところにくると人は落ち着きます。燦燦と降りそそぐ太陽の光に照らされたあとにトンネルや日陰に入ると落ち着きますよね。逆に外が暗くなったら不安になります。そこで明るい店内にきたときに安心感を出します。キャンプファイヤーで、夜みんなで火の回りで踊るのは楽しいし安心感がありますよね。

＊入り口・・・お客様を迎える場所なので少し大きめにしてあります。これも安心感を与えます。

＊店のテーマ色・・・少し高級感を出すために落ち着いたトーンで茶色ベースにしました。店のテーマの色も決めました。色にも意味があります。ザンギリは緑です。平和の象徴です。みんなが落ち着く場所なので差し色に緑を入れています。コーラは赤、スタバは緑、マックは黄色など、それぞれブランドカラーがあります。ザンギリのロゴも緑が入っています。統一感が大事です。

＊床は高級に・・・入り口から入ってまず目につくのが床です。ザンギリは、本物の木ではないの

ですが、木目調の高級な雰囲気に見える（少し高価）ものにしています。そうすることでお客様に優雅に感じていただけます。

このように、お客様がストレスを感じずに過ごせることを第一に考えて内装を考えていきました。

◇常に投資をしているか

現状維持は衰退になる

売上の多寡にかかわらず、いかに「投資」したかが大事です。ここでの投資とは、不動産、株、仮想通貨などではなく、自分に投資ということです。

私も修行中には、あまりお金は持っていませんでしたが、自分のスキルアップのために本を買ったり、道具を買ったり、セミナーに行ったりするなど、いろいろと知識やスキルの習得に努めました。常に勉強する癖はつけておくべきです。お金は使えばなくなりますが、知識はなくなりません。

投資額がたかければ回収も早い

どれくらい投資するかといえば、この20年間に自分が投資した記録を見ると、月の給料の約５％でした。30万円なら1万５０００円、50万円なら2万５０００円と趣味で使える程度の金額でした。

最初は本を買う程度で十分だと思います。徐々に必要だと思うことへの勘が生まれます。勘ピューターともいえますが、勘は経験です。いろいろな経験をしてスキルをアップできます。私も社会人経験したあとに大学卒業、人相学の資格など、段々値段も上がっていきました。

このように自己投資は大事ですが、並行してお客様が喜ぶことへの投資することも大事です。こんなのがあったら喜ぶだろうな！　こんなのがあったらスムーズにできるな！　最初はお金のかからないものから始め、段々投資額を上げていけばいいと思います。それらの事例はこのあと紹介します。

まずは趣味に使う部分を抑えて給料の5％を投資に使ってみてはいかがでしょうか?

◇物語をつくると店に人情が出る

人はストーリーが好き

ターゲットを絞ることで売上は伸びていきましたが、そのターゲットのお客様がいかに自分の店を好きになっていただくかは、このあとのアイデアでいろいろとご紹介します。

大事な点は、多くの競合店、ザンギリでは全国11万件ある理容室の中で自店を選んでいただくのにどうしたらよいのか？　ということがとても重要です。

もちろん、理容室なので髪の毛は切ります。それはどこの店もやっていることであり、多少の技術力の差はありますが、ほぼ変わりません。

お客様に未来を想像してもらうこと

では、何で差別化するのでしょうか？　やはりそこの店で何が得られるかということだと思います。多くの人はなぜブランドを買いたがるのか、なぜ高級車に乗りたがるのか、なぜ年末にハワイに行きたいのか（笑）。

ブランドや高級車は買って使っていることにステータスを味わいたいのです。モテたいのです（笑）。ハワイは芸能人と同じようなリゾートでリラックスした優雅な気持ちを望んでいるのです。

私たちはお客様にどのような気持ち、体験を届けてあげたいのかということが大事です。ザンギリでは、ビジネスマンに元気と運気をチャージする場所を体験していただいています。仕事で疲れた身体や心の疲れを癒し、エネルギーをチャージしてまたお仕事を頑張っていただく場所を提供しています。

その中でビジネスマンが元気になるメニュー、サービスを提供しています。その体験をしたい人たちが集まってきます。それに共感してご紹介者様もとても多いです。そういった体験を提供することを考えるととても楽しく、いろいろなアイデアが生まれます。結果的にお客様もお店も両方が喜ぶ型となります。

あなたはあなたの商品で何を届けますか？

◇拡大と増殖

まずは今あるところを繁盛させる

理容室は９割以上が個人事業主です。繁盛するには、そこの理容室の店主の腕次第ということになります。

売上を伸ばすには２つの方法があるといわれます。

それは、「拡大」と「増殖」です。この２つは、意味合いは似ていますが、内容は全く違います。拡大とは１つのものを大きくするということです。

これが一番私たちの業界には合っています。大きくといっても店舗を増やすのではなく、客数を増やしたり、客単価をあげたり、スタッフを増やしたりと箱の中身を大きくしていくイメージです。

ザンギリもそのような形で売上を２倍にしてきました。

失敗を改善して仕組み化する

一方の増殖とは、いっぱい増やすということです。いわゆるフランチャイズのような形です。１つのパッケージを参考に同じ形で店舗を増やして売上を上げていきます。

低料金理容室もこの形でどんどん大きくなっていきました。その拡大と増殖を繰り返すことで店を大きくすることができます。

ザンギリも拡大後2店舗目を出店することになり、増殖する形になりました。増殖するには仕組み化、体系化をしなければできません。

どちらも一長一短ある

個人経営者の方や初めてお店を出す人は、この拡大をすることが一番ではないでしょうか。なぜならば、自分の判断で全部決めることができますし、行動のスピードが速くなります。そして何より自分でまずは経験をしてみないとわからないからです。

もし失敗しても1人ならリスクが少ないです。店舗をいっぱい持っていて、スタッフも沢山いて失敗したときにはその分のリスクはかなり大きくなります。立て直すのにも時間がかかります。ましてやそれをスタッフのせいにすればたちまちお店の雰囲気も悪くなり負のループになってしまいます。

ザンギリでもマニュアルをつくるきっかけはスタッフが増えてきてからでした。色々な失敗からの改善で徐々にできあがっていきました。それができてきて初めて、多店舗展開のステージが見えました。

どちらにせよ一長一短は何事もありますが、どちらを目指すか明確にして取り組むことが大切です。

第2章

なぜ親子2代亀裂が入らずできたか

◇このままだとヤバイ理容業の後継者問題の現状

後継がいないと理容室はなくなる状況

私は2代目の理容師です。私の世代は専門学生の同級生の8割が跡継ぎでした。それが当たり前でしたので、何も疑問や違和感を感じませんでした。

しかし、今の学生は8割が親の職業が理容師ではないというのが現状です。最近は、「蛙の子は蛙」、「理容師の子は理容師」ではなくなってきています。親の職業を継ぐのが当たり前ではなく、公務員になる方が多いようです（苦笑）。逆にいえば、それだけ魅力もないのかと感じます。

図表8を見てわかるように跡継ぎがいない店は7割となっています。このままでは街に理容室がなくなってしまいます。

少子化で後継ぎがいないということもありますが、子があとを継がなかったということもあります。修行に出た子供が親のところに帰ってきて、反りが合わなくて辞めたということも多く耳にします。他で独立できればよいのですが、理容師自体辞めてしまうケースもあります。これはもったいないことです。

そこでザンギリでは、親子、夫婦で仕事をしています。住まいも7年同じでした。どうして私たち親子がうまく行ったのか、その経験を少しでもお伝えできればと思います。

〔図表8　後継者の有無〕

後継者の有無別施設数の構成割合

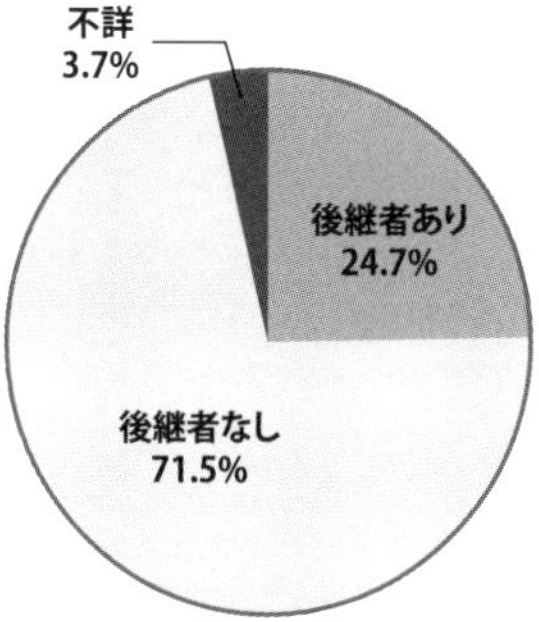

後継者有無の施設数別割合・経営主体別

	後継者あり		後継者なし		不詳		総数	
	施設数	比率(%)	施設数	比率(%)	施設数	比率(%)	施設数	比率(%)
総数	93	24.7	269	71.5	14	3.7	376	100.0
個人経営	81	23.1	258	73.7	11	3.1	350	100.0
株式会社	12	52.2	10	43.5	1	4.3	23	100.0
不詳	0	0.0	1	33.3	2	66.7	3	100.0

出典：第31回　厚生科学審議会生活衛生適生化分科会理容業の実態と経営改善の方策(抄)

後継者の有無

経営者に後継者の有無を聞いた結果が、図表8である。

「後継者あり」は24・7%、「後継者なし」は71・5%であった。経営主体別については、個人経営で「後継者あり」が23・1%であるのに対し、株式会社は「後継者あり」が52・2%である。

施設数が圧倒的に多い個人経営について、経営者の高齢化が進んでいるのにも関わらず、後継者の確保が進んでいない厳しい状況が伺える。もちろん理容室だけではなく、商売をしているどの業界も同じことが言えるのではないでしょうか。

◇なぜ理容師になったか

理容師になったのは必然

私は1人っ子で、両親は私が小さい頃から、朝から晩まで働いていました。小学校に入学する前までは店が私の遊び場でした。記憶は薄いですが、タオル洗いや髪の毛を掃除したり親の手伝いをやっていたみたいです。それを見た常連様は偉いね！　とお小遣いをくれたみたいです。

当時は、若いスタッフの人たちとも遊んだり、ご飯を食べたりしていました。周りの人達にも将来は理容師さんだね！　といわれることも多かったです。保育園の七夕の願い事では床屋のチャンピオンになる！　と書いてありました。

しかし、小学校くらいになると周りから将来が決まっていていいね！　といわれることに違和感を感じるようになりました。母親が帰ってくる時間が遅いため、私が夕飯をつくっていました。とても寂しい気持ちになっていましたが、仕事なので仕方がないと思っていました。

幸い特に非行の道に走ることもありませんでした。その後高校に入学した際、大学への進学の道も周りからすすめられましたが、とにかくもう学校の勉強はしたくないと思っていたこともあり、子供の頃からの環境の中で自然と理容師の道に進んでいました。小さい頃の劣等感が、まわりの人を幸せにしたいという価値観になりました。

一生懸命仕事をする姿に子供は憧れる

理容師になった理由として、確かなことを１つ挙げるとすれば、それは仕事で疲れたことや仕事が大変なことなど苦労する話を身近な人から聞いたことがなかったことです。それもこの仕事を魅力的に思えた要素だと思います。

今は私にも子供がいます。仕事の大変さではなく楽しさを話し、これが次の世代に受け継がれていけばいいなと思っています。

◇なぜ実家を継いだのか

まずは最低限の技術力をつけることが大事

私は父親の紹介で四谷にある理美容室に８年間修業に出ました。８年経ったときに親父の病気が悪化したため実家に帰ることを決断しました。四谷の理美容室は寮生活で皆実家が理美容室の息子や娘です。毎日彼らと技術を切磋琢磨して競い合っていました。

１日の食事も女将さんや若女将さんがつくってくれて家族のように生活していました。私にとって仕事の原点はすべてそこから生まれました。技術だけではなく、人間としての常識やマナー、常に考えることの大切さを教えていただき、自分で行動する習慣ができました。

支店の店長も任されていました。そこで過ごせた８年間は、まだまだ修行の途中で、せめて10年くらいしてから実家のことを考えようと思っていました。

しかし、親父が病気で倒れてしまい、店の責任のすべてを母親が背負わなくてはなりません。そんな母親を安心させたいと思う気持ちから、実家に帰ることを決めました。

悩んでもしょうがない、覚悟を決めること

しかし、実家に帰ることはできますが、そのあとどのようにするかは何も考えていませんでした。久しぶりの実家に帰れる楽しみというよりは不安と緊張の日々を送っていました。

そのとき、師匠から「君なら大丈夫、近いからいつでも会えるし！」と心強い言葉をかけていただきました。当時のスタッフ達は地方出身者が多かったのですが、私は新宿、四谷も新宿区なので近い場所です。卒業してからも多くのアドバイスをいただいています。

多くのご縁をいただき、業界の有名な方々にも紹介してくださいます。こうして卒業して10年立ちますが、今でも面倒を見ていただいています。優しさ、厳しさ、いろいろなことを教えていただいています。

師匠はよくいいます。「君の親父には若い頃大変お世話になったからね！」と。出る言葉がありませんね。自分も師匠、親父のように多くの人の役に立つことを常に意識し行動するようになりました。今、業界に貢献できることは次の世代の若者を育成することに全力をそそぐことを改めて実感しました。

◇創業の経緯や理念を聞いたことがあるのか

親と普段から日常会話をしているか

理容室の多くは、親がやっているので継いだという、カエルの子はカエルではありませんが、そういうものだと思ってやっている人が多いです。私もその１人です。特に大学で勉強する気もないので受験がない理容学校に行きました。特別違う仕事に就こうとも思わず、自然な流れで理容師になりました。

こうして８年間の外での修行したあとに実家に帰ってあとを継ぐ形になりました。私の周りも親子でうまくいっていない人が多く、一緒に仕事をしていても会話はなく、自分のお客様だけしか会話しないでやっている人が多かったです。

それなら独立してもいいかと思いますが、資金等いろいろの理由はあります。最初から仲が悪くなった訳ではなく、少しずつのすれ違いから、その溝が徐々に大きくなり最悪の状態になっていくのです。

この仕事に熱を注ぐときの１番のポイントは、親がどんな思いで店を開いたのかなどの経緯を知っているのか？　ということです。初代は本当に大変です。ゼロからのスタートです。子供の面倒も見てやりたいが、仕事をして生計を立てないと子供に苦労をかけたりします。そのために必死で仕事をしているのです。

自分から言いよる気持ちが大切

理念など堅苦しいのはもしかしたらないかもしれませんが、どんな思いでこの仕事をしているのかなど聞いているうちに、親の考えがわかってきます。それよりも、親の気持ちを知ることが一番大事です。親だから恥ずかしいなどと思いますが、聞くことにより親との友情的なものが必ず生まれます。

私も両親からどんな思いで独立したか、どんな活動したのか、どんな失敗をしたのか多く聞きました。結局親は自分より経験者なので、よかったことは自分も継続してやればいいですし、失敗したことはそれをやらなければいい訳です。

父は支店も出したことがありますが、数年してそこは閉めました。なぜと聞くと、自分の育てたスタッフではなく、紹介できたスタッフを店長にしたため、ザンギリの理念を十分に理解してもらえず、そのため継続が難しかったということです。

3年前に支店を出しましたが、その教えを聞いていたので、しっかり育てたスタッフを店長にして継続しています。本当によかったと思います。

親子だから何の問題もない、大丈夫！　ではなく、ビジネスパートナーと思って創業の経緯、成功例、失敗例など聞くことがまず大切だと思います。聞かれて嬉しくない親はいないと思います。

◇親子でも報連相を徹底するとうまくいく

一言でいいから会話をし続けることがいい関係になる

人は誰でも意見が合わないことは多々あります。それが他人との間だと妥協することは多々ありますが、親子関係だと何でも言えて、どう思われも大丈夫だと思ってしまいます。

ザンギリでは必ず報・連・相をします。報告、連絡、相談のことです。私は相談、報告、連絡の順番にしています。それの徹底が大事だと思っています。

とにかく何か新しいことをするときは、「こんなのがあるんだけどどう思う？」と意見を聞きます。例えば、床がはげてきたので、替えるのはどんな色がいい？　という感じです。もしかしたら自分の思っている色と違うことを言うかもしれません。そのときは店のコンセプトに沿って決めるのがいいと思います。

聞き方にも工夫をするのもいいですね。例えば、床はこの色にしようと思うんだけどどう思う？などと似た色を何種類か見せて、親にどれがいいか選んでもらうといったように、一緒に決めている感じを出すことが大事です。

初代が守ってきた店を勝手に変えるな！　というプライドは必ずあります。もちろん、子供があとを継ぐので任せていきたいという気持ちもあります。その両方を感じ取って行動することが大事です。

もちろん、意見を聞いてもらって、なるほどと思ってくれることもありますし、好きにしな！と言われることもあります。店を一緒に盛り上げて行こうという気持ちが大事です。私はとにかく相談をしていました。今はもうなんでも任せる！　という形になっていますが、「こういうのやる」、「こういうふうにしていく」という報告はします。

結局家族は裏切らない

いろいろな新たな風を入れることで、歳を取ったから若いのに任せると言いながら70代であっても、「こんなのあるけどどう?」と相談を受けることも多々あります。一緒にお客様の喜ぶことをして店を繁栄させるという目的があれば、よい結果を生み出せます。

もちろん、親子なので、ぶつかることも多いのですが、なるべく意識してコミュニケーションを取ることがうまくいく鍵になります!!

◇あとを継ぐかどうか確認しているか

仕事以外での家族との時間をつくってみる

私もなんとなくあとを継ぐものだと思っていましたが、結局は後継がやりたくないと言えばそれ

〔図表９　後継者候補と現経営者の事業承継に関する会話・日常生活に関する雑談〕

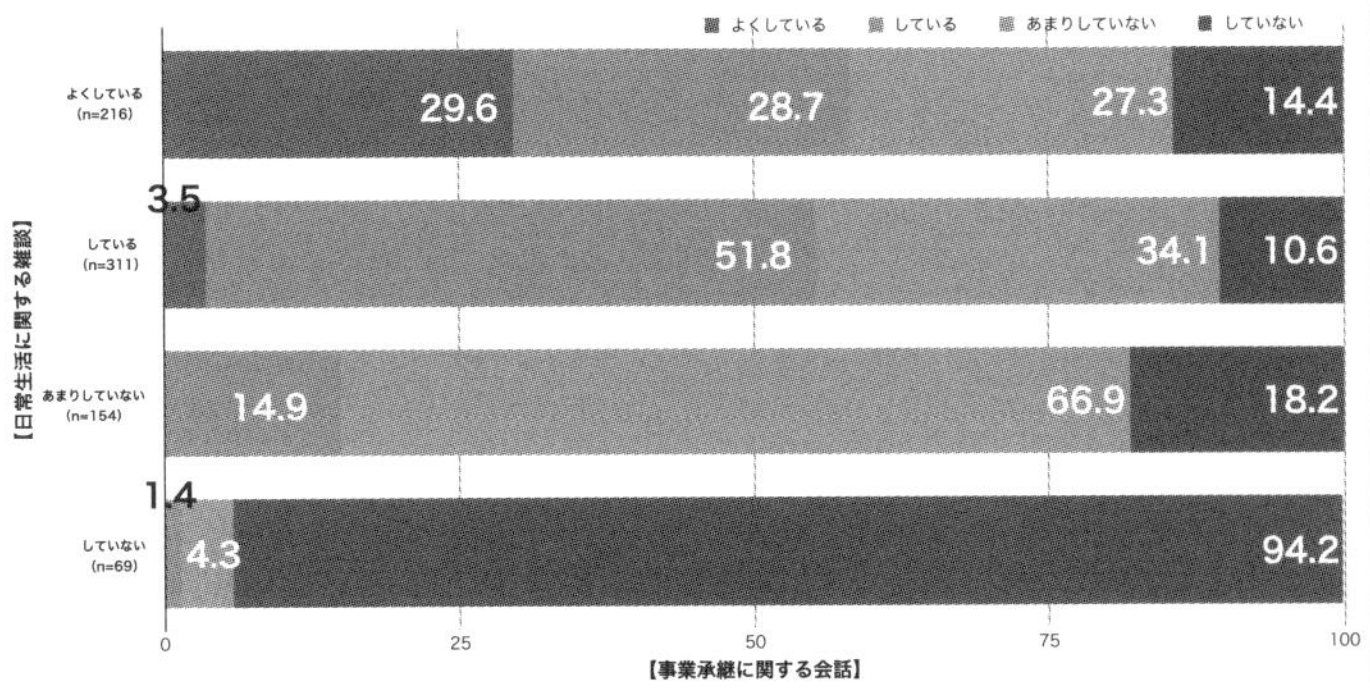

資料：三菱UFKリサーチ&コンサルティング（株）「中小企業・小規模事業者における経営者の参入に関する調査」（2018年12月）
（注）積極的後継者候補・消極的後継者候補の回答を集計している。

までです。親が病気で仕方なくなど、いろいろありますが、親のほうも今後どうしていくかを考えなくはなりません。

理容師のある程度一人前になるには、私のころは10年間くらいの修業が必要でしたが、今はいろいろな選択肢も多くなったので、ザンギリでは5年間での教育プランにしています。

修行に出れば実家から離れて勉強します。せいぜい夏休みと、正月休みくらいしか実家に帰りません。実家に帰っても地元の友達と遊んだりしますので、たいていは家にいません。1回くらいは親と食事をすると思いますが、あまりコミュニケーションは取れないのが現実ではないでしょうか。

図表9でわかりますが、普段からコミュニケーションを取っている人でも、後継の話をしている人は14％以下の数字です。

ましてやコミュニケーションを取らない人であれば

90%超えています。それでは話になりませんね。実際スタイリストになるまでは後継のことなどわかりません。目の前のことが精一杯ですし、20代なので遊びたいことは多々あります。

大体5年目くらいしたらある程度お客様も付き次のステップにいきたい年代です。言ってみれば少し天狗になっている頃です（実力はまだまだですが）。

その頃に将来のことを聞くことがまず、第一段階ではないかと思います。やはり子供から親に継ぐ、継がない、という話をしてくることはまず頭の中にありません。

やはり親からそのような話をしていくことがいいと感じます。

ゆっくり話す時間を取ることがいいですし、本人はまだよくわかってないと思いますが、準備は絶対に必要です。実際に自分の店がどういう状態なのかわからないですし、帰ってからのギャップも少しは解消できます。その気があるのであれば、店の改装などの準備などもできますし、継ぐ意識がないのであれば、それはそれでまた違う考えで計画できる訳です。やはりコミュニケーションが大事ということです。

◇事業継承は目的ではなく手段

後を継ぐことはゴールではない

理容業は今でも「小さい頃から親がやっている店なのでやることにした！」という後継者が一番

多いと思います。私もその1人です。自然と継ぐのが当たり前でした。特に老舗の何代目くらいになると血筋が濃く、代々店主の子供が継ぐのが暗黙の了解になりがちです。

しかし、時代も変化しました。旧態依然とした仕事にも変化が起こり、ＡＩで代われる仕事が多くなってきました。親の代は収入が安定していても、そのままずっと安定しているとは言い切れません。

世界規模での新型コロナの蔓延のように、何が起きるかわかりません。あとを継ぐ決心は必要ですが、あとを継ぐことが目的になってしまうと、その先はあまり進展が望めません。あとを継ぐことは通過点と思わないといけません。

大切なのは、あとを継いだ、その先の目的が何かということです。実際私もとりあえずあとを継いだ1人です。継いだあとの苦労はいろいろあると思います。しかし継いだことが目的ですといろいろな壁にぶつかります。ともすれば、弱気になって継がなければよかったとマイナスの方向に意識が行きがちです。目的、目標があればそこに向かって行く意識が持てて思考が変わってきます。

ワクワクする未来を目的にする

私事ですが、実家に戻ったときは、店を繁盛させることはもちろんですが、スタッフがいたのでしっかり一人前のスタイリストに育てていこうという目標がありました。そうこうしているうちにスタッフの人数も増えてきたことから、みんなが活躍をする場所と思い2号店を出店しました。それ以前は2号店を出すということは全く考えていませんでした。そして今は、日本の技術サービスを世界に発信して理容のよさを伝えようという目的を持って日々仕事に励んでいます。最初から目的があって継いだのではないのですが、目標をつくりそれをクリアすれば目的が見えてきます。

それを実家に継ぐ前に何でもいいから考えておくことがもっとも大事なことだと思っています。帰ってからどうしようかな～でもいいのですが、やはり最終的にはどうしたいのかを考えておくとそれに前向きに突き進むことができます。

確かに5年後、10年後どうなりたいかは、はっきり私もわかりませんが、こんな世の中になっているといいな～という意識を持つことを心がけて欲しいと思います。熱い気持ちは周りから応援されます。まずは目的を常に意識してください。

◇数字は第三の手を借りろ

餅は餅屋、専門の人にも力を借りよう

親とのコミュニケーションがとても大事と言っても、「自分達は親子仲がいいです！」と胸を張って言える人はほんの少数ではないでしょうか。私もその1人です。

もちろん仲はいいと思いますが、親があれもやれこれもやれ、うちの利益はこれで経費がこれで、と永遠に話されるとイライラしてきます。そんなときは、第三者を間に入れるといいです。

例えば、父親が若い頃から会計士さんを顧問にしていました。私が実家に帰ってきたときはとても喜んでくれました。それと同時に、財務の話を頻繁に聞くようにしました。

財務の本業の人から聞くことはとても説得力がありますし、言ってみれば他人ですので、親子関係より緊張感があります。会計士に言われたことは納得しますし、わからなければ聞けばいいわけです。自店はどのくらい売り上げたら利益が出るのか、経費はどれくらい使っているのか、消費税はどのくらいかかるのか、など知ることができます。

それをもとに親子で話し合い、やりたいことはいくらかかるのか、どのくらい売り上げたらそれができるのか、など頭の中で理解できます。それが明確になれば親も納得して好きなことをやらせてくれます。

ビジネスパートナーは大切

やはり「安心」という説得は必要だということです。他にもスタッフを雇用するにあたり社会労務士さんに雇用のことをいろいろ聞いて親と共有したりしています。自分で調べることは多少しますが、やはり専門の人に聞いたほうが確実です。

このように、何かアクションを起こすときは第三者の手を借りて、それをもとに親へ相談などすることがいい関係でいられる秘訣です。チーム一丸で何かをやり遂げることは第三者の人もしっかりと応援してくれます。

◇親はいつ一線から退くか継ぐ子に伝えるべき

なるべく早く子供に任せるつもりでやる

修行期間が終わり、子供が実家に帰ってから、いつ親が子供に権利を譲るかという課題も多々あると思います。理容室の場合は9割が個人事業主なので社長交代という一般的な会社組織と違って特殊です。たいていは、1つの店で親子が働く形態が多く、親と子のそれぞれにお客様がいるため、店主が交代してもさほどお店に影響はでません。

しかし、親のあとを継ぐ子の立場からすれば、いつ自分が中心になって店の経営ができるのか？　ということが働いているうちに気になってくるものです。せっかくあとを継ぐことを決めたのにいつになったら任されるのか？　という不満もでてきます。親としてみれば、まだまだ自分のお客様もいるし、もっと勉強してからだ！　と言う意見もあるでしょう。

データを見てみると実際親子間での引き継ぎの5割は1年未満です。意外と高い数字だと思います。私は2年で引き継ぎました。何を引き継いだかと言えば、お金の管理と教育関係です。経理関係も母と嫁から引き継ぎしました。教育に関しても、私が考えたカリキュラムに変更しました。

もちろん引き継いだからといって完全に独りで行うことはなく、何か今までと違うことをやろうと思えば、父や母に対して、事後報告ではなく事前の報連相を徹底しました。

親子で一生懸命している姿が共感を生む

データでもありますが、事業継承の際の苦労した点では取引先との関係維持が一番です。理容室ではお客様から息子が帰ってきたことを認められるということになります。実はこのことに2年かかりました。父親は気を使って私に親父が担当している人をカットさせてくれたりしましたが、お客様から親父さんにやってもらいたいからと拒否されたことは多々あります。

だからと言って落ち込んでも仕方がありません。店に来てくれる方全員大切なお客様ですから。その人たちからも認められるように、はじめは挨拶からしていけばよいわけです。

あるとき、父がいないときにそのお客様が来店されました。父がいないことを伝えたらやって欲しいということで、私がやることになりました。嬉しかったですね！　少しは認められたということだと思いました。「最近いろいろ挑戦していて感心するよ！」などと嬉しいことを多く言ってくださいました。それが実家に帰った日から約2年後のことでした。

私たちの業界は、店の客の9割が常連様です。その人たちから認められれば親御さんは一線を退いてもいい頃だと思います。もちろん、生涯現役でいられるこの業界ですが、体力がなくなってきます。長く働くには、任せるところは任せないと体力的に限界がきます。

初めのうちは常連様は息子があとを継いだら偉いね！　とは言われますが、やはり親父の店です。親のお客様から「カットしてよ！」と言われたときは認められたと、そのことを判断基準にするとよいと思います。そして、お客様の喜ぶことを追求していきましょう。

〔図表10　事業承継の形態別、後継者決定後、実際に引き継ぐまでの期間〕

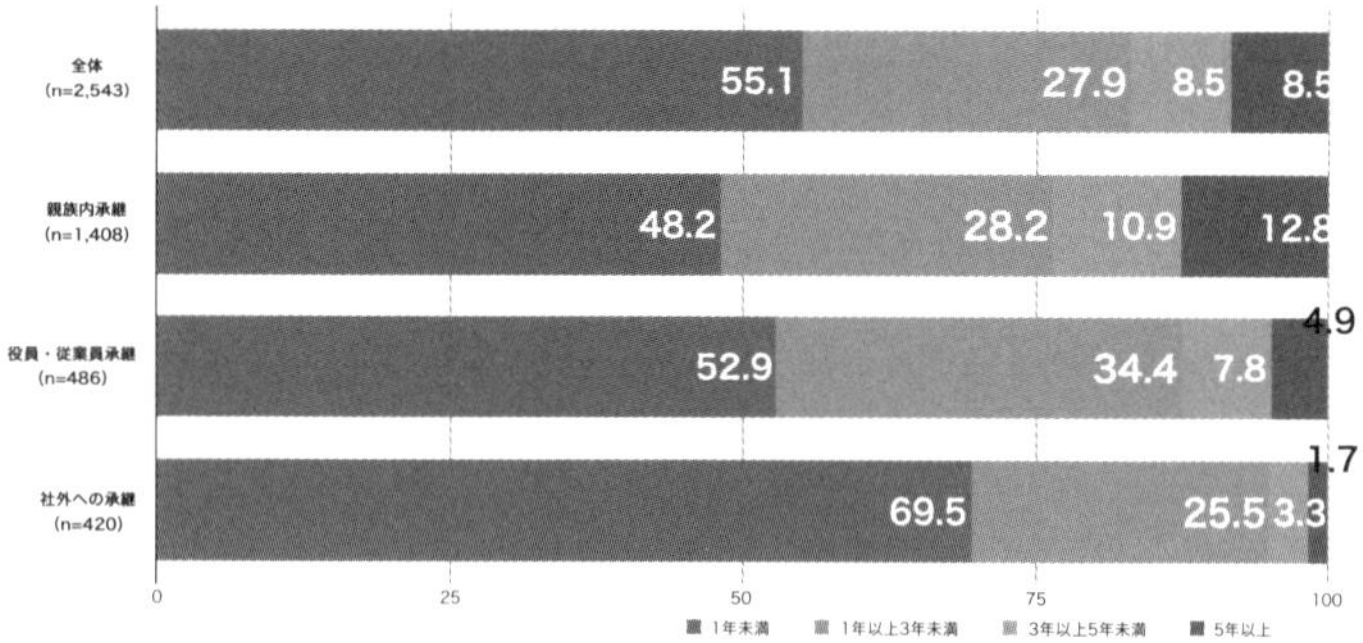

資料：みずほ情報総研（株）「中小企業・小規模事業者の次世代への承継及び経営者の引退に関する調査」（2018年12月）
（注）引退後の事業継承について「事業の全部が継続している」、「事業の一部が継続している」と回答した者について集計している。
全体」には、後継者との関係について「その他」と回答した者も含まれる。

〔図表11　事業承継の形態別、後継者を決定し、実際に引き継ぐ上で苦労した点〕

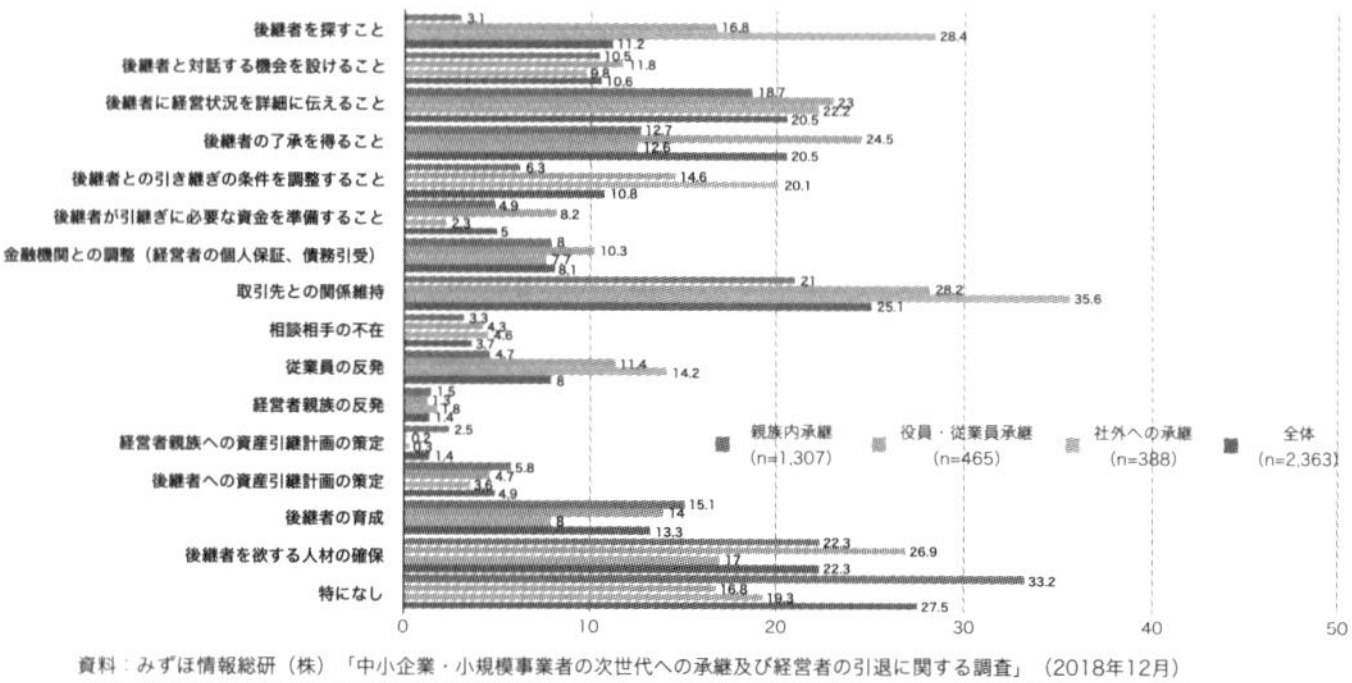

資料：みずほ情報総研（株）「中小企業・小規模事業者の次世代への承継及び経営者の引退に関する調査」（2018年12月）
（注）引退後の事業継承について「事業の全部が継続している」、「事業の一部が継続している」と回答した者について集計している。
「全体」には、後継者との関係について「その他」と回答した者も含まれる。
複数回答のため、合計は必ずしも100%にはならない。

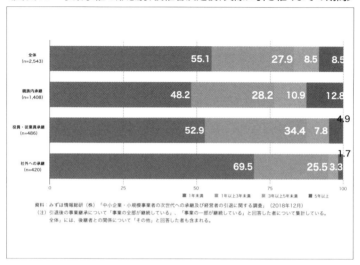

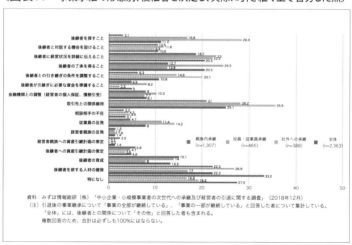

◇店の内装をリニューアルして新たなスタート

新しいことをやるより今を大切に

私が実家に戻ってから3年後に全面リニューアルをしました。店内の全面リニューアルをしたのは25年ぶりでした。

やっている仕事自体は変わりませんが、老朽化が進んでいたため、思い切って内装のすべてを変えました。全面リニューアルは、諸事情があって結果的に実家に戻って3年後になりましたが、このことは本当によかったと思っています。

実は、店内のリニューアルを考えたのは、まだ修行中のときでした。実家に戻るタイミングで改装しようといろいろと業者の方々と練っていました。しかし、このときは入居しているビルとの兼ね合いで大工事になってしまうため、断念しました。残念な気持ちを持ちながら実家に帰りました。帰ってからは父親のお客様しかいません。「息子が帰ってきたのか！」という常連様からの期待もありましたが、むしろ「大丈夫か？」と私の技量を疑問視する声が多くありました。

事実、父が忙しいとき、私がカットしようとしたら、「やらなくていいよ。待ってるから！」と言われることも多々ありました。まだ認められていないうちに店内を改装しようと思っていたなんて、恐ろしいことでした。

信頼ができれば新しいこともうまくいく

3年くらいして常連様からようやく信頼していただけるようになったこと、そして、実家の実情を知ることもできました。その間にスタッフも雇用し、教育の勉強もできました。

前にもお伝えしましたが、カットは親父で！　という常連様も今日は親父じゃなくていいよ！と言ってくれるようになりました。

常連様はいつもみていていてくれていたんだ、コツコツ一生懸命に積み重ねるしかないと実感しました。そしてようやく両親に相談しながらリニューアルをすることにしました。やはり亀の甲より年の功ではないですが、今までの経験があるのでお客さん目線と働く人目線の両方のことをとてもよくわかってくれます。今思えば「好きにやっていいよ！」という父でしたが、常連様も大事にするポイントなどの話をしっかり聞けてよかったと思います。そして新しいことに進んで取り組む姿勢にはいつも驚くというかすごい！　としか思えません。改めて、何も考えないで勢いでやってしまうことは危険な行為だったと思いました。

◇スムーズに引き継ぐために

信用は会う回数が大事

事業継承をする際にサービス業なら目の前のお客様との関係、いわゆる常連様との引き継ぎというのがとても大事ですが、その他にも取引先との関係も重要になってきます。

父は30年以上店を経営しているので当たり前ですが、店の顔として信用があります。銀行も業者も父を頼りにし、父の判断ですべてが決まります。

そこに息子が入ってきたら、もちろん愛想よくはしてもらえますが、実際はどう思われているかわかりません。

私は実家に戻ってからは、父と一緒に毎月取引先の方と会うようにしていました。顧問の会計士さんには毎月キャッシュフローの話を聞いて店の売上がいくらになれば利益が残るのか、固定費はいくらなのか、など教えてもらいながら関係性を築いていきました。

当時の目標売上はＵＰしましたが、今はその倍になりました。会計士さんもこんなになるとはと驚いていました。取引先の銀行にも毎月来てもらい妻も同席で支払いのことや借り入れのことを学びました。そうしているうちに取引先との信頼関係が深まってきました。頭でっかちにならずに教えてもらう素直な気持ちが相手に必ず伝わります。

お願いは熱意も大切

心理学のザイアンス効果と言われる、アメリカの心理学者ロバート・ザイアンスが提唱した、別名「単純接触効果」とも呼ばれている心理効果のことです。文字通り、何度も繰り返して接触することにより、好感度や評価等が高まっていくという効果です。

このように1年に1回だけではなく毎月会うようにして関係性を築くことが大事です。これにより銀行に店の改装するときの費用もスムーズに借入れできました。さらに、夢のマイホームの借入れもスムーズにできました。その他にも父との取引がある場所には一緒に会い、関係性を築くことでスムーズに引き継ぎができますし取引先も安心してもらえます。

親を応援者に

親子の関係はその家庭により同じようにはいかないかと思います。

もちろん嫌々やっているのならやる必要がないと思いますが、せっかく後継を目指すならいい物をつくりたいと思いますよね。

子供が自分の後を継いでくれることは親にとってとても嬉しいことです。親としてはあまり表情には出さないかと思いますが、自分と同じようになってくれることは自慢になると両親はよく言っています。いざ親子で働いて息子が勝手に色々やり出してトラブルになるケースはよく聞きます。親は嬉しい反面、勝手にやっていると寂しい気持ちがあり結果衝突してしまいます。どっちが偉いとかではなくお互いの感謝の気持ちが大切になります。感謝と言ってもまず相談や報告をするだけもお互いの気持ちがわかります。

そこで色々な意見が出ればまた新しい展開も生まれるのではないでしょうか。本当に本気でやりたいことは必ず親は応援してくれます。

第3章

いいチームづくりはこうしてできる
〜離職ゼロの秘密

◇ミーティングはファミレスでブレスト

言いたいことを言える環境づくり

ザンギリは月に1回企画ミーティングをしています。その際は近くのファミレスで行います。毎日同じ店にいてミーティングまで同じ場所ですと環境の変化なく、考えも変わらないと感じたからです。食事をしながらワイワイと楽しみながらするミーティングは、いろいろなアイデアが生まれます。もちろん勤務中ですので、お酒は飲みません（笑）。

毎回、毎回テーマを決めてアレックス・F・オズボーンが考案したブレインストーミングをしていきます。直訳すると脳の嵐です。これには4原則があります。①判断・結論を出さない、②粗野な考えを歓迎する、③量を重視する、④アイデアを結合し発展させる、です。

小さいアイデアからすごい可能性が生まれる

ザンギリではまず司会者、書記を決め、例えば顔のマッサージコースをつくりましょうというテーマにします。そこでミニカードに思いつくことをとにかく書きます。今はスマホもあるので情報も見ながら書きます。多く出たメモを司会者が読み上げていきます。

とんでもない内容でも否定してはいけません。それはだめだ！　何を言ってんだ！　ということがあれば年齢の若い人、大人しい人は意見を出さなくなります。みんなで笑いながらやるのがいいのです。

そして出たものに対して同じ内容のものを分類していきます。それに対して１人ずつ意見を言います。そのあとに、採用候補を１個ではなく数個多数決で選定します。そうして残ったものに対していろいろと話し合い最終的に多数決で決めます。

ここまで絞ると、決定した案に不満を持つスタッフはいません。決まったものに対して他のことを肉付けする場合もあります。こうして顔のマッサージコースが３つできました。これは、ザンギリのキャンペーン史上１番の売上を獲得しました。

今では弊店の看板メニューになりました。私だけの考えでは絶対思いつかない内容でした。アイデアはゴミ箱にある！　とも言われます。経験年数関係なく可能性は無限大です。こうして生まれたアイデアは、このあとにもいろいろとご紹介しています。

◇スタッフの家族からも応援してもらおう

家族団欒の時間を共有してもらう

ザンギリでは年末になると、スタッフの家族に向けて動画をつくります。１年間の中でのいろいろな出来事を写真に収めておき、年末にそれを編集しています。お正月に家族で見ていただくためです。

地方出身の人ばかりなので、家族が会うのは夏休みかお正月くらいです。家族にとっては、自分の息子や娘が今の職場でどのように仕事をしているのか、どんな生活をしているのか、どんな風に技術を磨くための練習をしているのか、どんな仲間と働いているのか、やりがいを持ってしているのか、どんな活躍をしているのかなど動画を見ればわかるようにしています。

一緒に見ることで話題になり、親御さんにも安心してもらえます。スタッフ達も1年の成長がわかり、また次のステップへの励みになります。そしてスタッフ自身が仕事で悩んでいたりしたときは必ず家族に応援してもらえます。やはり家族の応援が一番の支えになります。

応援されるとより頑張れる

動画は、今やパソコンの動画アプリケーションやスマホでも無料で簡単につくれます。音楽を入れたり、写真を入れたり、そこにコメントなどを付け加えたりすれば手づくり感のある愛情のこもった動画がつくれます。それをお客様に見てもらいスタッフの成長など会話の話題にもなりますし、スタッフ自身もお客様から褒められてとても喜びます。学校求人の際でもお店の雰囲気として紹介もできますし、スタッフの母校先生も教え子の成長を喜んでくれます。私もつくっていながら1年を振りかえりながら思い出に浸り、また来年もスタッフ達が笑顔でいられるようにいろいろと考えることができ、自分自身モチベーションが上がります。色々な人から応援してもらえれば自然と笑顔が溢れますね。

◇お客様のコミュニケーションのネタは店がつくる！　トレンド発表

伝わらなければ意味がない

ザンギリでは毎週金曜日の朝にプレゼンの練習をしています。目的としては、お客様にしっかりとわかりやすく説明することができるようになることです。トレンド発表という形で雑誌2冊を情報源として各3分で発表しています。その雑誌はスーツ系のファッション誌と情報誌です。

1つの項目を調べて起承転結を考えて発表します。まずは雑誌を見るということで、今の時代の流行を知ることができます。そして、発表しなくてはいけないため、自らしっかりと調べます。発表時間も設定していますので、どのくらい話したら与えられた時間内で説明できるかという、タイムマネジメントも段々と繰り返すうちに上手になっていきます。

自分で調べることは聞くより効果的

最初はカンニングペーパー（カンペ）を使っていいのですが、年数を重ねるごとにカンペを見ないでメリハリをつけながら話せるようになっていきます。人は話すことに対して得意不得意があります。

おとなしいスタッフに、よく「もっとなんでもいいから話しなさい！」と以前は怒ったりもして

〔図表14　トレンド発表〕

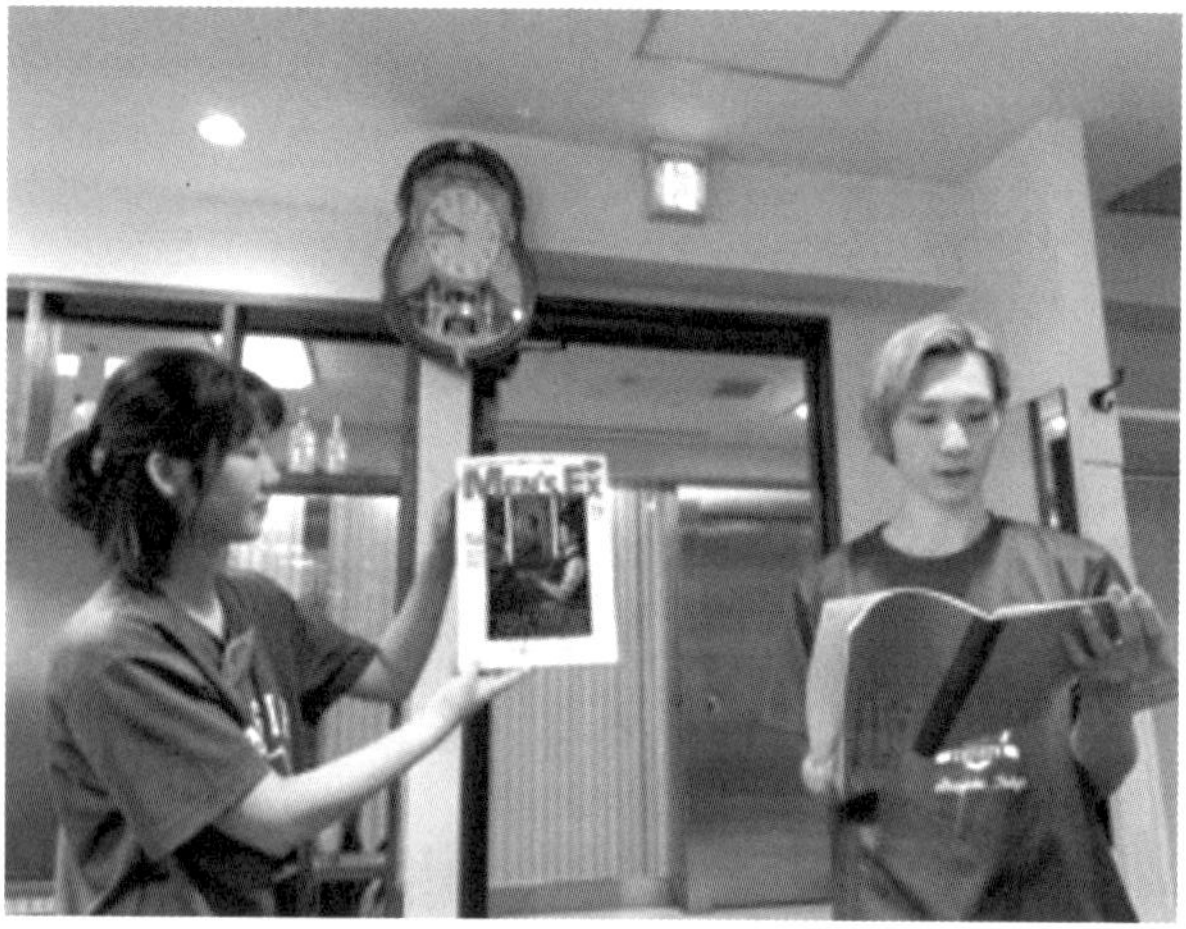

いました。しかし今は、トレンド発表をしている姿を動画に残しておいて、お客様との会話のネタに使います。

「何か話しなさい！」と注意することもありません。自分の調べたことを見せれば話のきっかけになりますし、流行を説明することもできます。そしてお客様は得になる情報なので喜んで会話をしてくれます。

スタッフ自身も自信がつきます。上級者になると流行りの食べ物など買ってきて、それをみんなで食べてもらったりします。実体験をすることが一番説得力があります。そうして楽しんで勉強でき、お客様にも喜んでもらえ、伝え方も経験するごとに上手になります。

フィードバックとして先輩から話すスピード、声の大きさ、笑顔だったか、など。いくつか項目がありそれを改善し活かしていきます。

◇感謝状でモチベーションを上げる

人から認められることで頑張れる

ザンギリでは毎月のミーティングの際に、スタッフ同士感謝状を贈り合っています。１人１枚ミニ表彰状をつくり、１か月誰に一番お世話になったかを考えて書いてもらいます。

オーナー以外のスタッフに書かなければなりません。内容はなんでもＯＫです。「練習に付き合っていただきありがとうございました」、「カットデビューおめでとう」、「シャンプーデビューおめでとう」、「一緒に遊んでくれてありがとう」などといろいろな内容があります。

これはミーティングで発表します。表彰式風に読み上げて、渡すときにはみんなで拍手喝采してお祝いします。普段あの人はこう考えているのだ！　とその人の考えていることも知ることができます。やはりオーナーから認められるのは嬉しいことですが、先輩、後輩から褒められるのはとても嬉しいものです。

愛情があれば一枚岩になれる

弊店では教育の一環で行っていますので、ときには厳しいこともあります。先輩が発表しているときに後輩の聞く態度が悪いと、その先輩が注意します。ですが、感謝状で讃えられれば、後輩は

〔図表15　感謝状〕

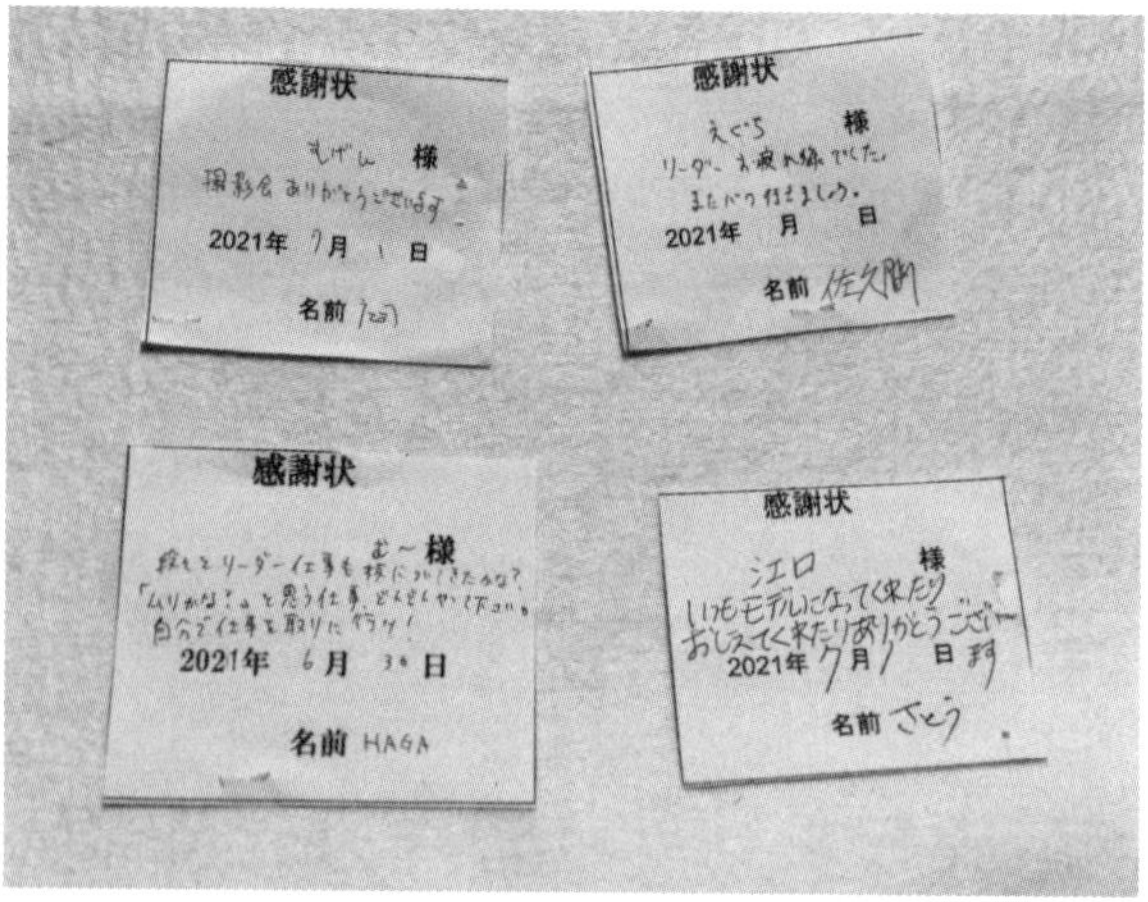
感謝状
様
2021年 月 日
名前
感謝状
様
リーダーお疲れ様でした。
2021年 月 日
名前
感謝状
様
2021年 月 日
名前 HAGA
感謝状
様
2021年 月 日
名前

嬉しいのと同時にまたこの先輩のために協力しようと思うようになったり、後輩がつまずいていたら助けてあげようという気持ちがより増します。そういう関係がいい人間関係、想いやりのある組織になっていきます。

感謝状は1人1枚だけという条件ですが、その限られた1枚に、多くの感謝の言葉を書き連ねているスタッフも多いです。その気持ちでお客様に接していれば必ず信頼にも繋がります。感謝の気持ちは一生大事なことですね。

◇特技を見つけて爆発させる！

器用不器用関係なく一人間になれる

今の時代は人材不足と騒がれています。もちろんどの業界もそうだと思います。人がいない、誰かいないか、みんな声を揃えて言っていることをよく耳にします。もちろん、人材には問題ない！というところもあるかもしれませんが、今いる人材が一番の人材だと思っています。

私たちは技術職なので、起用不器用はもちろんありますが、不器用だからダメだとか性格が暗いからダメという決めつけは、その時点でスタッフを信用していないことになります。信用しない人は、相手も信用するわけがありません。

ザンギリのスタッフ達は決して優秀だから入店したわけではありません。失礼を承知で言えば、学生時代には問題児的な人達もいます。しかし、今では素晴らしい人間に成長しています。

なぜ彼らは立派に成長できたのでしょうか？　もちろん、カリキュラムがあるので一定水準までの技術レベルは身に付きます。しかし大切なのは、それに味付けをどうするかです。つまり、生活していく中でその人の趣味、特技、いろいろとありまが、それをどうやって仕事と結び付けるかを考えることが大事であると思います。

特技を伸ばす環境がさらにお店を繁栄させる

例えば、国家試験を5年も受からずにいたスタッフのことですが、彼はパソコンに長けていました。それを伸ばしていき、どんどんやりたいことをしていったら仕事の効率化について、いろいろと提案してくれるようになりました。

今ではそれが役立っています。動画編集などもしてくれて、うちの看板キャンペーンの制作も全て任せています。そのほか、イラストが上手なスタッフには、まずは商品に飾るＰＯＰなど書いてもらい、お客様からも褒められるようになりました。それで今では多くのイラストを描いてもらっています。

その後、それを偶然見かけた雑誌の編集者に、弊店の特集まで組んでもらったり、講習依頼も来るようになりました。業界で唯一無二の存在にもなりました。

私は、店に必要なものとスタッフの特技をマッチさせるようにしています。本家の仕事がありながら自分の特技を生かせる環境は、本人にとって1番のやりがいになります。悪いところを見ればキリがないです。許す心とその人のよいところを常に見つけ出し引き出すことが最も大切なことだと思います。

◇飴と鞭から鞭が飴に変わる

感情で指導はうまくいかない

ザンギリのスタッフ教育では飴と鞭をよく使います。鞭といっても暴力をするわけではありません。叱ることは非常によくあります。もちろん、指導する側がイライラして感情をあらわにして怒ったら、怒られている側には全くと言っていいほど効果はありません。

私もつい感情で怒ってしまうことはこれまでに多々ありました。しかし相手からすれば、早く話し終わってくれないかなあ、悪気があってやったのではじゃないのになあ～という考えを持ちます。

したがって、叱ることがあれば、それはお客様の側に立って考えるようになって、その上で叱るようにしています。

例えば、挨拶に声が出ていない、笑顔がつくれないなどがあれば、「君が店に入ったときに気持ちがいい接客ってどんなの？」と聞きます。たいていは「笑顔で元気に挨拶してくれる人！」と言うわけです。

自分ではわかっていてもできない。それを一緒になって考えることが大切です。何でも怒られていたら、ほとんどの人はやる気をなくすでしょう。「俺は褒められて伸びるタイプです！」という言葉は、指導的な立場の人であれば聞いたことがあると思いますが、確かに現代人にはこのようなタイプが多いと感じています。

一緒にいいか悪いか考えるようにする

一緒に考えて、少しでもできていれば褒める！　そこを見てあげることが一番大事だと思います。その人自身もできないことはわかっているのですが、先輩や上司などの指導者から何か言われるのではないかという不安もあり、なかなか自分の殻を破れないのが現実の姿ではないでしょうか。

指導しているうちにその人の性格もわかってきます。理解の仕方も人によって違います。聞いたことをすぐできる人、マニュアルを見ながらやるのが得意な人など全然タイプが違います。やりながら教え方も変えていきます。コミュニケーション不足と言われる今の時代、頭ごなしに怒ったり叱ったりするのではなく、普段からの行動を見て本人のよいところを導き出すことが大切だと思っています。

気づいて欲しいところに気づいてもらい、よいところは褒めることで、人は成長していきます。指導する側と指導される側が、お互い信頼し合ってこそ、更なる店の活性化につながるものと信じております。

◇毎朝の朝食で胃袋を掴んで心も掴む

やっぱり手づくりご飯は美味しい

ザンギリの朝食は手づくりご飯です。スタッフの胃袋を掴み心も掴むためです。弊店のスタッフは20代前半の独身が多く、しかも親元から離れて1人暮らしをしています。

食事は、ほとんど朝は食べずに昼夜はコンビニで済ますことが多いです。家に帰ってからの自炊など、よほど料理するのが好きな人でないとやりません。ですので、毎朝私の妻が手づくりで朝食だけつくっています。最初は人数が少なく２人でしたが、今は10人になって、米の量も倍以上になり大変なようです（苦笑）。若いスタッフに手づくりご飯を食べてもらうのは、初代からの伝統でもあります。初代（母）のときは朝食と夕食をつくっていました。

私は小さい頃に母を手伝った記憶があって、当時はとても大変そうでした。しかし、「いつも若いスタッフ達が頑張っているからこれくらいしないと！」とよく言っていました。そのときは大変そうだな～と思っているだけでしたが、今スタッフを持つようになりよくわかります（私はつくっていませんが）。

スタッフ達も美味しそうに食べてくれて、またあの料理食べたいです！　などリクエストがあったりして、本当に喜んでくれます。やはり手づくりは最高ですね。それが１つの思い出にもなりますし、同じ釜の飯を食べたという絆はとても強いと実感しています。

愛情が入れば必ず伝わる

このように、たとえ1食でも手づくりの食事を提供することで、仕事も頑張ってくれますし、こちら側ももっとスタッフ達のために何ができるか！　を考えることができ、ますますよい関係ができています。

スタッフの胃袋を掴むことで心を鷲掴みにできます。まずは手をかけ、心を込めることが大事だと思います。

◇一体感が大事

一丸になるとよりファンが増える

ザンギリでは、チームワークを一番に考えています。したがって、みんなが一体感を味わうことのできる仕掛けを多くつくっています。

たとえ辛くてもお互いが励まし合っていれば、頑張れる経験ってありませんか？　例えば、テレビで見たことがありますが、自衛隊の体験ツアーは見ているだけでも、すごく辛い訓練だということが伝わってきます。しかし、その厳しさの中で隊員同士が励まし合って、応援し合って訓練をやり遂げたときにはみんなで喜び合います。こちらも思わず感動するとても印象的な場面です。

どんなに頑張っても、誰からも応援や称賛されなければ寂しいですよね。その一体感を大事にしています。例えば制服は今Ｔシャツを着て仕事をしています。このＴシャツは、ザンギリのファンだからと言ってくださるデザイナーのお客様につくっていただきました。

それを着ていると今度は、自分も欲しいというお客様が多くなり販売も始めました。こうなると、スタッフ達も自信を持って着てられますし、お客様にも進めやすくなります。

嬉しいことにそのＴシャツを着てご来店されるお客様もいるくらいです。そのときは一緒に記念撮影します（笑）。やはりそれだけお客様にも喜んでいただいているので、スタッフ達も嬉しそうに仕事をしています。

コンテストのときも、チームＴシャツを着て出場しています。みんなで頑張っている感を出します。嬉しいことに２０２０年のコンテストでは、表彰台をザンギリスタッフが独占し、Ｔシャツが映えました。これは感動的でした！

他にも毎月１日はミーティングがありますが、みんなでトンカツを食べるということを恒例にしています。食べ過ぎて眠くなっていますが（笑）。

個性を生かしながら一体感を大切にする

今の時代は個の時代などと言われています。しかも、仕事仲間とは共感しにくい現状があります。

〔図表16　イベントに合わせたユニホーム〕

年齢も趣味も育ちも違います。しかし、１日で一番長く同じ空間で過ごすのが仕事仲間です。

その中でいかに一体感を持つことができるか？　その答えは、お客様を中心にして、「お客様のために」という共通の意識を持つことこそが共感や一体感を生み出すことに繋がるのではないかと思っています。

◇親族への感謝を伝える歓送迎会

イベントは思い出に残るようにする

ザンギリは４月になると入店式、退店式をしています。これは３年前から始まりました。それまでは新人が入れば飲食店でパーッと楽しく歓迎していました。これはこれで楽しい思い出です。

弊店の創立40年の記念のときにイベントをすることになり、ホテルで新人の歓迎会、卒業するスタッフの会も同時に行いました。いい機会なのでスタッフの家族全員を招待し、ＯＢ、関係者の方々もお呼びして盛大に開催することができました。

このイベントのクライマックスは、スタッフ達が親への感謝の手紙を読む場面でした。日頃言えない感謝の言葉を伝えました。親御さんは号泣し、こちらももらい泣きするくらい感動のシーンでした。他にもザンギリ初代の誕生日をお祝いしたり、ＯＢの昔話など、とても感動的な式典になり、ご参加いただいた皆様にはとても喜んでいただきました。

〔図表17　記念式典〕

〔図表18　誕生日会〕

それからというもの、毎年４月は式典を開催しています。その際は新人の親御さん、卒業するスタッフの親御さんも招待しています。そこで親への感謝の言葉も伝えてもらっています。

１人を喜ばすと周りの人も喜ぶ

他にも関係者の方、専門学校の先生などもお呼びしてその人の存在を認めてもらい応援していただいています。そのようにお互いが知り合いとなり、店などで会っても頑張ってるね！　と関係者の方に声をかけていただけますし、そう言われて嬉しくない人はいないと思います。

親御さんにも店の雰囲気を感じて安心していただくことがとても大事ですし、お店も応援していただけます。すべてがファミリーとして繋がることでとても幸せな気分が感じられるひとときとなります。

◇掃除は一番大事〜しっかり楽しくやる秘訣

掃除を徹底するとお客様は集まります

ザンギリの掃除は徹底しています。周りを綺麗にできなければお客様も綺麗にできません。イエローハット創業者の鍵山秀三郎さんも凡事徹底と言っています。当たり前のことを当たり前にできることが大切ということです。

飲食店に行き換気扇が汚いと食べたくなくなりますよね。掃除をすることは、店を綺麗にするということは言うまでもなく、スタッフの毎朝の習慣化が大切です。歯磨きも磨く習慣が大切なことと同じです。

大きな成果は小さなことの積み重ねです。掃除は誰でもできます。小学生でもできます。まずは習慣化する意味があります。

掃除の内容も毎日、1週間、1か月、半年、1年ごとにやる内容も違います。お客様から目に見える部分は毎日、そこまで気にしない場所は1週間、1か月など分けています。半年、1年に1回の場所は毎日やる場所、例えば床掃除などをワックスがけなどしてしっかりやります。

飽きずに掃除をするには楽しませること

スタッフは同じ場所は飽きてしまうので、ローテーションでやります。早く終わった人はまだ終わっていない人の場所を手伝います。思いやりの心を養います。気分よく仕事はしてもらいたいので曜日別でスタッフの好きな音楽を聴きながらします。ノリがよくなりますね(笑)。これはスタッフの好きな音楽も知ることができ、話の話題にもなります。

掃除は、いかにしっかりと楽しくやるかが大事です。半年に1回は掃除内容のチェックもして、どこか省けるか、増やすかなどみんなで話し合って、効率も含めてよりいいものをつくり上げています。掃除で心も磨いています。

◇朝礼で士気を高める

朝礼はまず挨拶が大事

ザンギリでは朝礼にかなり力を入れています。朝礼はスタッフ同士のコミュニケーションの場の1つです。まずスタッフ同士の挨拶は必ずハイタッチをします。これは挨拶を中途半端にしないようにするためです。友達などに近くで会ったときには軽く会釈をしたり、言葉で挨拶をしますが、遠くにいる人には目を合わさず声だけで終わらす経験はないでしょうか？

まあ友達だし仲がよいから特に何とも思わないかもしれません。

しかし職場では仲間でありお客様をみんなでおもてなしする場です。仲がよい、悪い、の問題ではありません。ハイタッチをするということは、必ずその人のそばに行くことになります。その日1日よろしくお願いしますという意味を込めてしています。

人はハイタッチや握手をすることでオキシトシンというホルモン（別名ハッピーホルモン）が出てストレス解消にもつながると言われています。これはあとから知ったことですが、この行為は理論的にもいいことにつながりました。朝の挨拶と帰るときの挨拶はハイタッチで気分をハイにしてもらいます。挨拶は子供の頃から親に教わることですが、大人になるとできなくなる人もいます。きもちいい挨拶ができる人は大抵、人から信用を得ています。

朝することは頭に入りやすい

朝礼ではさまざまなことをしてきました。ラジオ体操、声出し、目標発表、などなどですが、今は曜日ごとに変えています。始めの約15分間は日替わりで順番にスタッフが目標を発表し、1日頑張ることを宣言してもらいます。

このことで、スタッフ全員とその発表者の目標を共有し、発表者は宣言することで脳が認識して目標に向かって行動させるように働きます。

また、週に1回は店の企業理念を唱和したり、商品の説明をしたり、クレドを唱和したり、社歌を歌ったりを繰り返しています。企業理念の唱和は、店の方向性を再認識するためです。すごく長い文章だと結局何が言いたいのかスタッフがわからないのでとてもシンプルにつくっています。商品説明で知識の再確認をします。忘れがちな知識の見直しです。

そうすることでお客様にいいものを提供できますし、知識ある人は信用されますよね。クレドも唱和します。

やはり技術の前に人間としてのあり方を再確認してもらいます。社歌も歌います。大きい声で歌う人はいませんが（笑）、笑いながらも一体感を重視しています。

このように週替わりで朝礼リーダーも変えながら、方向性を同じにしながら行っています。やり方は多くありますし、いろいろ変えながらしています。「お客様の笑顔」、「スタッフの成長」、「店の繁栄」、これに合う方法を選んでいます。

◇人に頼らず仕組みに頼る〜統一させたマニュアル、仕組み

技術統一はマニュアルをつくろう

ザンギリでは技術、接客を仕組み化しています。したがって、個人差はありますが、誰がやっても同じようにできるようになっています。人に頼らず仕組みに頼ります。もちろん、技術職なのでセンスなどはありますが、なるべくそれをなくし誰がやっても同じようになることを考えています。

私が実家に帰ってきたばかりのときは、私がすべて決めていました。昨日言っていることと今日言っていることも違い、理解しないままスタッフは聞き入れていました。しかし、そんなことを続けていたらうまくいくと思いますか？　オーナーの顔色を伺って仕事をするわけです。

お客様に目を向けないといけないのに誰のための店かわからなくなりますよね！　スタッフもどっちだっけ？　と判断も遅くなります。あるときからスタッフが多くなり、私一人では見切れなくなっていたところ、あるスタッフから「１人で決めるのには限界がありますよ」と指摘を受けました。

このままではいけないと感じ、すべての技術、接客を体系化して説明書をつくったり動画を撮ったりしてスマホでいつでも見られるようにしました。テスト制にしてチェック表をつくり、私がこれは絶対に必要なポイントと思うことを入れました。

指導する側にも、いろいろ伝えたり、口で言ったりしたことを忘れるので、これがあればまず間違いなく忘れたり見落としたりすることもありません。

マニュアルをつくると頭の中が整理できる

こうすることでカットまでできる教育の時間も生み出すことができ、当初4年から現在は2年に短縮できました。より早く入客でき、達成感も味わうことができます。またミスが起きれば全員で共有し、同じミスをしないように対策をして、それもマニュアルに追加します。

「マニュアルとか最初からつくれないよ！」という方もいるかと思いますが、まず頭の中にあるものを書き出してつくることが大切です。そこから徐々に肉付けしていけばいいのです。最初から完璧なものはありません。

ザンギリのマニュアル、仕組みも常に見直しして変わっています。まずはつくることから始めましょう。

◇好きな仕事を見つけるためにいろいろな経験をさせる

しっかりとゴールを見せると目標が明確になる

ザンギリでは5年を目安にして教育をしています。技術職ならば5年なんてまだまだ青いという方も多いと思います。実際に私も8年間修行に出ていましたので、当然まだまだなのは十分わかっています。ですが、何がゴールかもわからないのが職人の世界です。

一流の人は当然毎日コツコツの積み重ねですが、大半の職人はそうではありません。やはり人間飽きが来ます。しかし好きなことには時間を忘れて没頭します。うちの子供も新しいゲームを買ってもらえるならば、早起きをし、家の手伝いもし、宿題も必ずやります。これは大人になってからでも同じことです。

自分の好きを見つけたら次のステップへ

５年間いろいろな経験をさせて自分の好きを見つけてもらいます。もちろん理容室なのでベースはそれが関係するものです。仕事にもいろいろあります。

男性の髪が得意、女性の髪でブライダルが好き、コンテストが好き、ヘアーショーが好き、ファミリーサロンが好き、写真が好き、などいろいろな好きを見つけてもらうために、仕事を通じて、さまざまなことに挑戦してもらっています。

最初は私がこれをやってみたらと促します。それにハマれば没頭しますし、飽きれば止めます。もちろんある程度形になるまでやってもらいますが。そうしていくうちに自分はこれが得意になったんだ、これやっていて楽しいということが生まれます。そこまでくれば、それを生かしてその後の自分の人生設計ができます。それを応援していくようにしています。

もちろん、実家の店を継がないといけないといったこともあります。しかし、ただ継ぐよりは、特技や好きなことがあれば、それを生かしながらできます。流行を追って海外に挑戦したいスタッフもいます。海外に出てその情報交換もできればまた新しい視野がお互い広がります。可能性は無限大です。まずは仕事を通じていろいろな経験をさせるのがやりがいにつながります。

◇仕事の効率化はスタッフのスキルアップのためにする

技術職は練習が命

理容室は朝から晩まで働き、そして仕事が終わったら練習してより高いスキルを身につけます。これが今も昔も変わらないスタイルです。よいか悪いかは、人それぞれの考えですが、最近、労働環境はとてもよくなっています。いつの時代も昔よりも今のほうがいい！　ということは誰もが耳にします。

残念なことに、昔習ったことをそのまま伝える人が多いのがこの業界の現状です。昔習ったことのよい点を教わりながら改善して行かなくてはなりません。その中で労働環境などを考えなくてはならなくなります。

私たち技術職という職業は、効率よく仕事を覚える必要があることは今も昔も変わりません。よい道具は出てきましたが、すぐに腕が上がるということはありません。やはり練習量＝実力なのです。

〔図表20　練習風景〕

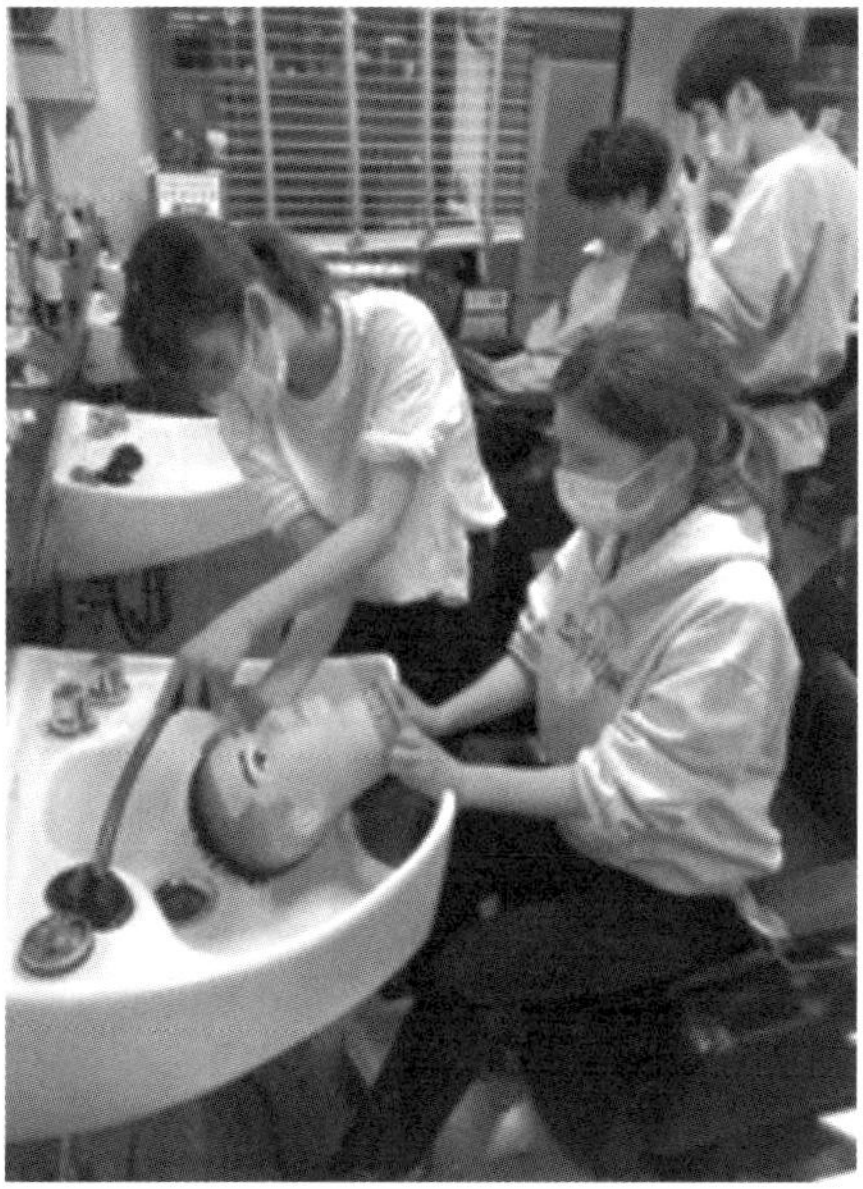

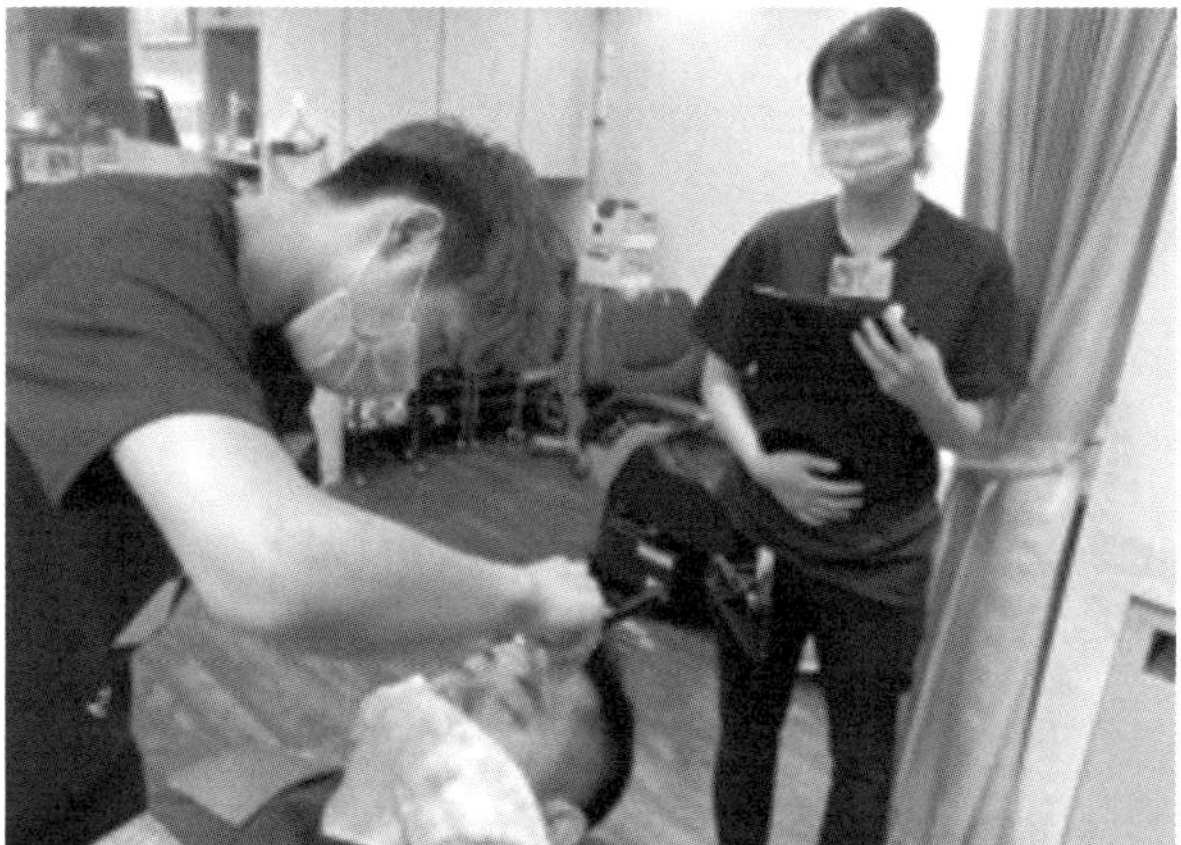

ザンギリのスタッフも毎日夜遅くまで練習しますし、休みの日も練習しています。この職業に入った人は練習が嫌い！　という人は本当に少数です。

効率化で練習時間を増やす

しかし、1日全力で仕事をしてからの片づけ、雑務が終わってからの練習というのは、年齢が若いとはいえとても疲れます。そのようなことから、雑務、実務などをいかに簡素化できるかを考えるようにしています。機械でできることはそれに任せます。売上計算、カルテ整理、今は電子カルテがあるので簡単に管理できます。予約なども専用のサイトを使用すれば電話のでる手間も省けますし、営業中お客様から離れることもありません。聞き間違えや、書き間違えもなくなります。

24時間予約を受け付けることができます。片づけもチェックリストなど作成し、誰がどれを片づけるかなどひと目でわかるようにしています。タオルも今はレンタルにしています。乾燥機の電気代を考えるとあまり変わりません。

技術は効率化できませんが、いかに雑務で効率よくするかによって時間の使い方が大きく変わってきます。1時間でも節約できればその分1時間多く練習できます。練習すれば本人のスキルが上がります。下手な人にやられるより上手な人にしてもらったほうがお客様はもちろん喜びます。

今の時代は効率化できることが多くなってきます。いかに時間を有効に使うかが、今後ますます大事になってきます。

◇教えることが一番成長できる

教えることで自分が再確認できる

新人が入れば新人教育を先輩はします。後輩の指導が主な目的ですが、指導することによって、今までの技術等を見直すという点でとても重要です。

特に前年まで新人だったスタッフは、いきなり先輩になり指導しなければならなくなります。もちろん今まで習ったことをそのまま教えると思います。

しかし人間の記憶は曖昧です。習ったことが1年前であったら当然忘れます。曖昧な記憶で教えては統一した仕事は当然できません。先輩が違うことを教えていて他の人からやり方が違うと言われれば、教える人によって違う、と混乱を招きます。そのために店のマニュアル、仕組みが大事で、改めて復習することが大事になってきます。何か確認する際はそのマニュアルの内容が正解になるので一目瞭然です。

そのようにして先輩は、新人が入る1か月くらい前からすぐに教える内容を確認する時間を取らなくてはなりません。今やっているやり方は変わっていないかを確認し、変更などがあれば、それを店側と共有しないといけません。そうすることで記憶も蘇りますし、改めて再確認できて明確に教えることができます。

再確認できればミスは減る

教える側も教わる側もミスがなくなります。特に技術職なのでシャンプーなど後輩の前で下手なところを見せれば恥です。先輩には仕事中も後輩から見られていることを伝えますので、より背筋が伸び、キビキビ仕事してくれます。シャンプーなどは特に先輩が上手くなります。

教えられる側はもちろん上達しますが、教えることで一番勉強になるのは先輩のほうです。先輩の仕事を上達させるためにも、新人を入れて教育させることは特に大切です。

◇教育は種まきから

目先のことより未来のための準備が必要

マニュアル、仕組みなど効率よくすることはとても大事ですが、やはり人間なので何事もうまくいくものではありません。農作物でも種をまいたからといって、明日野菜が食べられるわけではありません。

やはり一定の時間はかかります。その中で土の肥料を考え、水の量を考え、農薬は使うのか、などいろいろな工夫をしたからこそ、その農作物の味やそれぞれの農家のこだわりができるのだと思います。

やはり教育には時間がかかります。教育は、それを活かしてその人の心に火をつけ、やる気に満ち溢れた人間に育てていくのが理想です。

人を想う気持ちが大切

晴れの日ばかりではなく雨も嵐も雪の日もあり、いいことばかりではありません。その分育ってきたときの感動は計り知れません。

作家・幸田露伴の三福の教えがあります。惜福、分福、植福です。惜福はなんでもお腹一杯にしないで腹八分目にしなさい。使い過ぎや、やり過ぎはよくないということ。分福とは自分だけ幸せになるのではなく、相手にも幸せを分けなさいということ。そして植福は未来投資、未来の人達がよりよい環境になるように少しでも努力するということです。

自分が生きているときだけよければいいと思わずに、次の世代に種まきをするということです。このことを想う気持ちがとても大事です。この愛情が教えてもらう人への感謝につながり、お互いのよい関係につながっていきます。

ザンギリもスタイリスト（カットできるまで）になるには3年かかります。教え方はその時々で変わりますが、じっくりと育てています。温室育ちでもいいのですが、いずれは自分のお店を持ちたいというスタッフが多いです。独り立ちしたときに困らないようにいろいろと経験してもらいます。時には厳しいことも言います。挫折することもあるかと思います。しかし、常に近くで寄り添って一緒に成長を楽しんでいます。

◇辞めたくならないための6つのバランス

人間はやりがいとその対価が必要

いろいろな事例でザンギリの取り組みを紹介しましたが、やりがいを持って仕事ができれば一番です。しかし、給料が生活できないくらいのレベルでもいいのかと言えば「?」になってしまいます。

何事もバランスが大事です。金の亡者になってしまえば、ともすれば法を犯しかねませんし、上司による過度な部下指導はパワハラになりかねません。やはりそこにはバランスが大切です。

そこで次の6つのバランスを考えてみましょう。

① お金
② やりがい
③ 人間関係
④ 役職
⑤ スキルアップ
⑥ 人間性

① お金はやはり能力の分だけ報酬が高くなればモチベーションは上がります。しかし、店の売上と経費のバランスを考えて、昇給などを考えなければいけません。今の売上に対しての人件費の

割合です。理美容業界ですと月の総売上の約40％が平均です。あとはいろいろな手当もあると安心です。店長手当、扶養手当、ボーナスなどいろいろな形で支給できます。無理なくお互いが納得することが大事です。

②　やはりお金だけもらっていても退屈な仕事は飽きてしまい、楽しくありません。やりがいある仕事をしていることが大事になります。会社は誰のために何をするところなのかをはっきりしないと自分のミッションがわからないです。そこがはっきりしてお客様に喜んでいただければ、こちら側も達成感が生まれやりがいを持つことができます。

③　理美容学生のアンケートで離職原因の１位は人間関係です。この業界だけではなくどこの会社もそうだと思います。思いやりのある人間関係ができる組織は多少仕事が大変でも乗り越えられます。会社側は、スタッフ同士が連携して行うイベントなども考えて、利他の心を養う勉強の機会を与えることもとても大事です。

④　人は誰でも出世は嬉しいものです。ザンギリスタッフも名札に店長など役職を書いています。スタッフが思っている以上にお客様は反応します。「店長になったんだね！」と声をかけてくださったり、取引先でも信頼を寄せてくれます。本人から肩書きってすごいですね！　と言われたこともあります。偉そうにするとかではなく、何かの役職をつくってあげると本人のモチベーションも上がります。新人でもスマイルリーダーなどと肩書きを付けてあげれば、それだけでお客様からの反応もよいですし本人もチームのためにと頑張ってくれます。

⑤　技術に関しては、常にスキルアップのために勉強をしていかなければ衰退していきます。まさしく、「現状維持」していればいいといった考えでは衰退していきます。常に新しいことへの取り組みをしていかなければなりません。時代はどんどん進化しています。新しいことへの取り組みをしている中で、よいものはお客様へ提供することが大事です。私たち技術職なので多くのセミナーなどがあります。それに参加してスキルアップし、いろいろな経験をしていくことが喜びです。ゲームも、レベルが上がって呪文を覚えるとテンション上がってそれを使いたいですからね。

⑥　人間性は最も重要です。「俺は上手だから任せておけ！」的な上から目線ですとお客様はつきませんし周りの人からも協力してもらえません。昔はよかったかもしれませんが、今は誰から買うか！　という時代です。関係性がとても大事です。ヒットする商品の中には、「あの人が言っているのなら買おう！」「あの人が使っている商品使ってみたい！」ということがきっかけとなって売れ出すものも多いです。

ただし、そこには相手を思いやる気持ち、ギブアンドギブの精神が重要となります。

以上６つのポイントを常に考えて、バランスよく保つことが居心地のよい職場になるのではないでしょうか？　人間関係の問題は永遠のテーマだと思います。時代によっても変わってきます。ザンギリでも離職したスタッフはなんで辞めたのかを考えて、それを改善し続けています。文句を言い出せばキリがないので、そこは切り替えて常に頭柔らかくしてアップデートしながら考え行動することが大事です。

◇福利厚生は必要か

時代によって環境は変わる

今は労働環境がますますよくなってきています。我々の業界も福利厚生をメインにして新人を集めている店がほとんどです。私が新人の頃はどこの店だと技術がつくかという理由で店を探していました。特に給料がとか休みがとかはほとんど関係なくそういうものだと思っていました。それがよいか悪いかではなく時代の流れって本当にあるんだと痛感しています。

私の新人の頃はスタッフのほとんどが後継者が多かったので、ある年数が経ったら実家に帰る人達がほとんどでした。とにかく技術を学ぶということがメインでした。

時代は変わり、今は実家で店をやっている人のほうが少なく、専門学校の費用は国の制度を使って借りている人が多いです。学校を卒業してから月々支払う形です。

地方出身の人は生活が成り立つように就職を決めなければなりません。そこで福利厚生を見るということです。あとは国が決めている最低賃金、休み、労働時間、いわゆる働き方改革、ブラック企業という言葉をよく聞きますが、ＳＮＳで見て悪いところは情報を見られるので、あそこはやばい！　などといろいろと噂になるわけです。企業側も下手なことできないと優しくなるわけです。

もちろん過労になるまで働くことはいけませんが、過敏になっていることは確かです。私も実家に帰ったばかりで、朝から晩まで働き、夜は練習、休みも練習でスタッフと一緒にやりました。たまたまスタッフ達はそれを多分望んでいたので嫌だということは言いませんでしたが、同じことをやっていてもいずれは崩れてきます。

問題が出たらその都度改善をする

給料が足りない、休みが足りないというスタッフからの苦情がここ数年の間に何件かありました。今までやっていたから大丈夫！　ということは決してないということです。その都度どうしたら元気よくやりがいを持って働けるかを考えるようになりました。

店としては休みを増やして売上が変わらなければ嬉しいです。それはスタッフも同じです。今残っているスタッフに何ができるかを考え実行することにしています。

また、今年から週休2日にしました。業界では珍しく日曜日、月曜日です。月曜日は業界の休みなのでイベント、コンテストもありスタッフも挑戦したいということで休みにしました。日曜日は子供のいるスタッフもいるため、一緒に遊べる日となります。業界外の人と結婚すれば同じ日曜日に一緒に過ごせます。

嬉しいことに売上は上がりました。そして眠そうにしていたスタッフも人が変わったかのように爽やかに仕事をしています。店の方向性を理解した上で時代に合わせてスタッフ達と一緒に環境をよくしていくことで離職が防げると感じました。

◇離職問題　理美容業界など

似た業種でも理美容師は離職が高い

理美容師の離職率は他の師業と言われる、あんま師、看護師などと比べると非常に高いと言われています。図表21を見てわかるように理美容師離職率は約60％です。それに比べ看護師は約35％、あん摩マッサージ指圧師は40％、はり師も40％です。理美容師の離職率の比率はとても高いことがわかります。一体なぜこれほど高いのでしょうか？

現在の就業者と離職した人にアンケート調査をしました。離職理由は人間関係、お客様に入れない、楽しくない、などとどちらかというと給料や休みなどの福利厚生ではなく仕事以外の部分が多く見られます。仕事を通じてやりがいや技術、接客を学びたいという結果になっています。

辞めるときは必ず誰かに相談する

我々の仕事は技術職です。やはり腕を磨いて社会貢献したいということが第一条件のようです。仕事を続ける要因は、お客様に喜ばれるからという結果になっています。調査は離職１年目の人が多かったのですが、いかにお客様に入れてなおかつ技術を少しでも早く覚えてもらえる教育が課題なのかという結果です。そして離職を考える際に相談は自分の家族にする人が多かったです。入社

〔図表21　理容師・美容師の就職率（離職率）の推移〕

	就業率					
	衛生行政報告書		サービス産業動向調査		経済サンセス	
	理容	美容	理容	美容	理容	美容
1999年	44.6%	38.3%	47.3%	51.6%	44.5%	48.9%
2004年	43.2%	39.0%	43.3%	43.7%	43.4%	43.7%
2009年	41.2%	38.9%	40.1%	41.3%	39.6%	41.4%
2012年	39.9%	39.3%	38.9%	37.9%	36.6%	37.1%

参照:『理容師・美容師の争いは男の女の戦いだった』

〔図表22　師業別の就業率（離職率）〕

	看護師（准看護師、保健師助産師含む）			あん摩マッサージ指圧師			はり師		
	免許保有者数	就業者数	就業率	免許保有者数	就業者数	就業率	免許保有者数	就業者数	就業率
2004年	1840837	1193955	64.9%	172527	98148	56.9%	123740	76643	61.9%
2006年	1895601	1240153	65.4%	175998	101039	57.4%	1840837	81361	62.2%
2008年	1959769	1299748	66.6%	179770	101913	56.7%	139724	86208	61.7%
2010年	2003188	1369596	68.4%	182673	104663	57.3%	147510	92421	62.7%

参照:『理容師・美容師の争いは男の女の戦いだった』

〔図表23　仕事を通じて何を得たいか（離職したスタッフ）〕

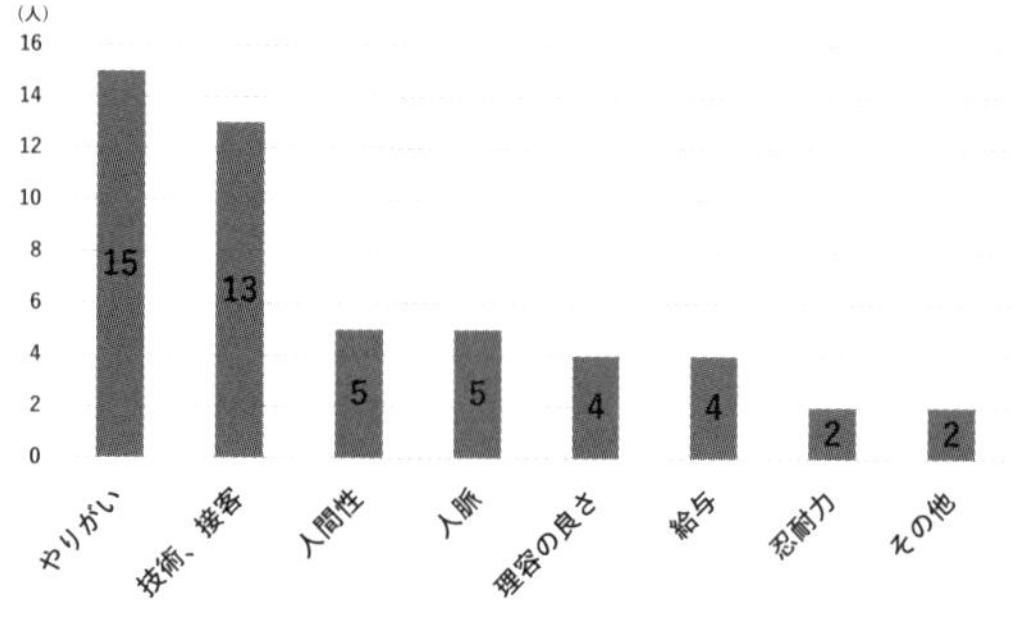

〔図表24　辞めた原因〕

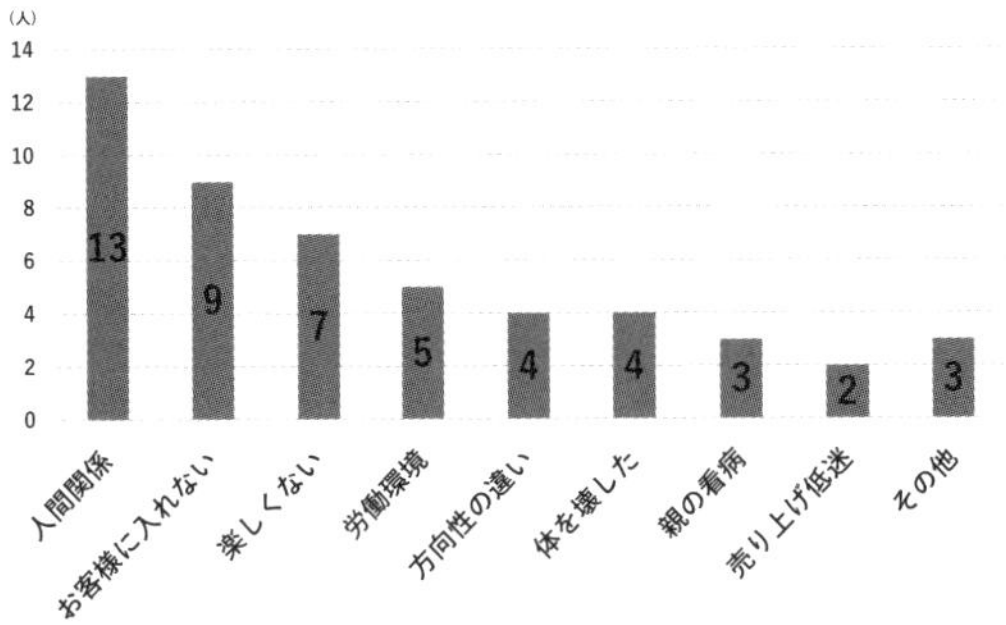

〔図表25　離職相談する人〕

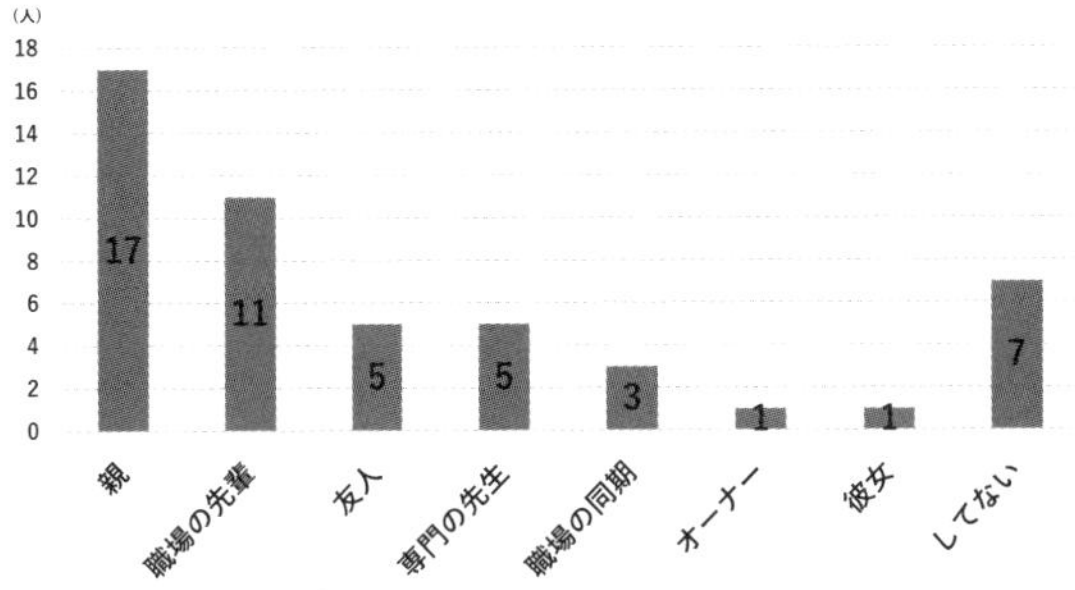

〔図表26　仕事をしていて何が楽しい（続いているスタッフ）〕

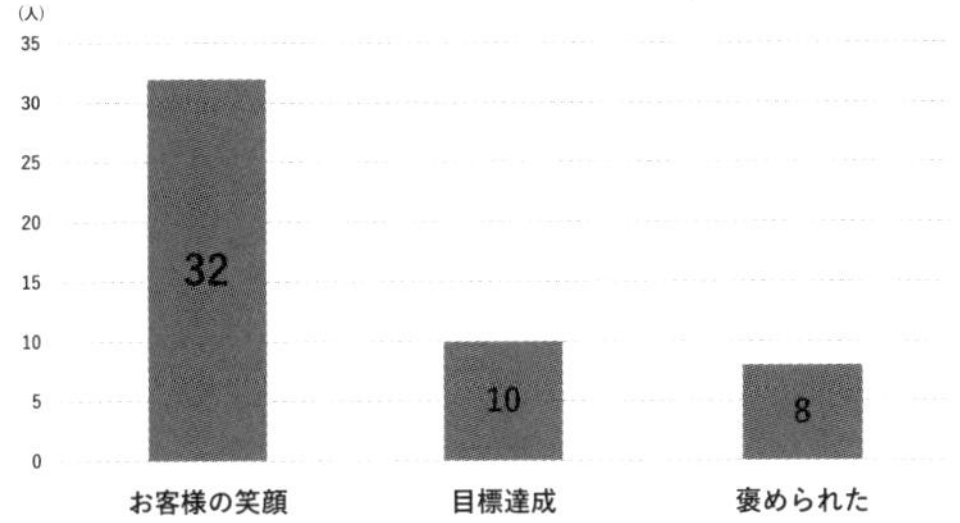

＊図表23～27　自社が独自にアンケートした結果。

〔図表27　離職した時期〕

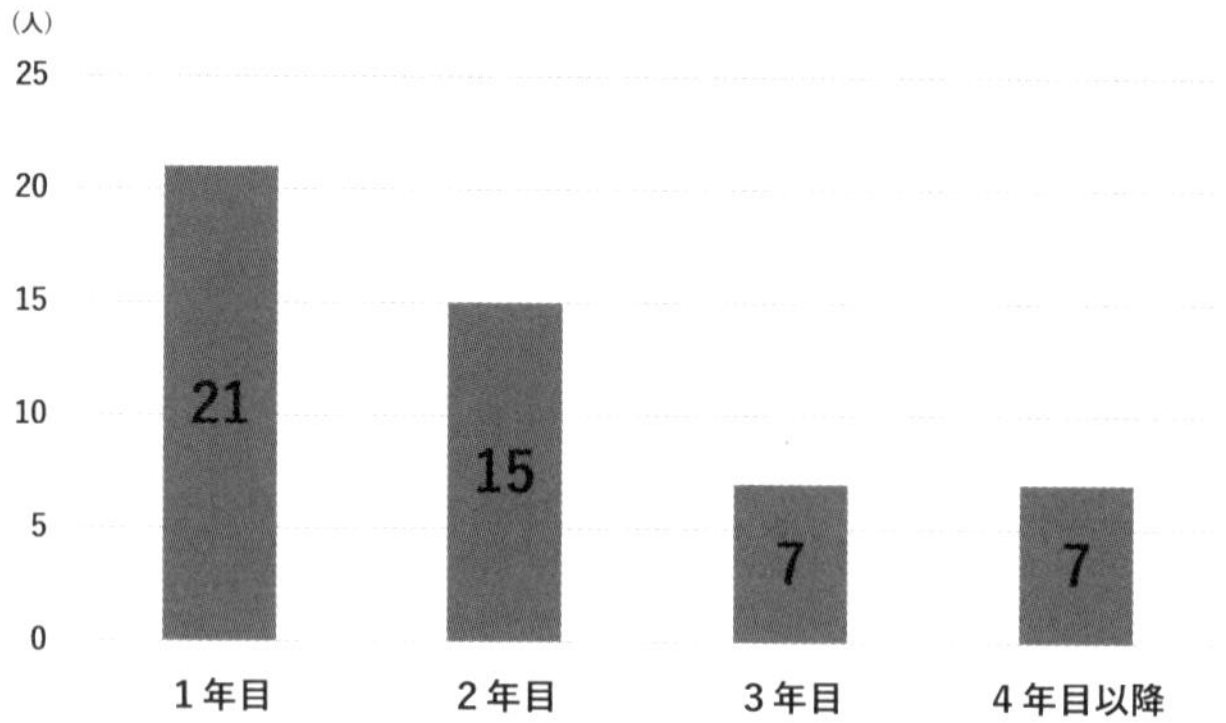

前にも店のよさを家族の人に知ってもらうのも重要ですね。このアンケート調査から自分の店でも対策できそうなことが多々あると思います。ザンギリでもこのことを考慮していろいろな対応策がありますので、また引き続きご紹介していきます。

◇目標達成後はみんなでサイコロをふる

目標達成で金一封

ザンギリは毎月キャンペーンを行っています。その際にミーティングで目標を立ててそれに向かい頑張っていきます。個人目標はもちろんしますが、キャンペーンに関しては全体の目標を設定しています。みんなで決めたことなのでみんなで一体感を持って頑張ってもらうためです。目標個数も毎日の朝礼であと何個で目標を達成します！　と確認しながら全員が把握できるようにしています。

そして目標達成した際にはサイコロ給と言ってサイコロをふるイベントをします。サイコロ２個振ってもらい出た目の大きい数字から小さい数字を引きます。６と１でしたら５、３と２でしたら１のようにその数字かける１０００円をご褒美として渡しています。しかしゾロ目になると０なので０円です。ワクワクドキドキのインベトです。

これはミーティングのときにやるイベントで一番盛り上がります。面白いことに、高額が出るスタッフが多い月もあればゾロ目しかいない月もあります。さすがに最近はゾロ目だとかわいそうになったのでサイコロ１個にしてその目かける１０００円にしています。

最低でも１０００円アップです。今後は１万円にしたいですね（笑）。目標達成することはとても大事ですが、全員でやっていることの楽しさで無理しない程度の報酬で喜んでもらえれば、お客様も含めて全員楽しく雰囲気よく仕事ができます。

◇目的のために毎日の目標を立てる手帳

毎日の成長を確かるための手帳

ザンギリでは毎年オリジナルの手帳をつくっています。以前は市販の手帳を使っていました。しかし、あまり使い勝手がよくなかったので手づくりでできないかと思い、カスタマイズできる業者を探しました。

その後、探すことはできたのですが、10冊くらいの少量では値段が高くなってしまいます。そこで自分たちでつくることにしました。やり方はいろいろあると思いますが、パワーポイントで欲しい情報を掲載し、それをＰＤＦにして印刷屋さんに持っていきます。表紙だけ少し厚めの紙にすれば立派な手帳になります。値段も１冊１５００円前後なのでそこまで高くはありません。

お店の方向性もしっかりと目を通してもらう

内容は毎日、毎月自分の成長に繋がる仕組みにしています。まずは店の方向性、家訓を載せ毎日見られるようにしています。月ごとのカレンダーで自分のスケジュールを立てます。１か月の自分の目標数字、結果も載せます。

週ごとに分けてあるページには毎日の反省、課題が記入でき、１週間終われば先週の課題からの反省を書きます。もちろん嬉しいことも書くようにしています。反省ばかりだとマイナスのことばかりになってしまうので、お客様が喜んだことを書きます。

それを共有のグループチャットに送ります。誰でも見られるようになりますし、店長クラスもそれを見て普段のアドバイス、見る視点が明確になります。そうすることで以前は毎日していた終礼もなくしました。

自分で考える力をつけるためにこうして毎日考え、ときにアドバイスをもらって成長していきます。言われるだけでもいいのですが、将来自分のことは自分でやらなくてはなりません。そうした

〔図表29　オリジナルの手帳〕

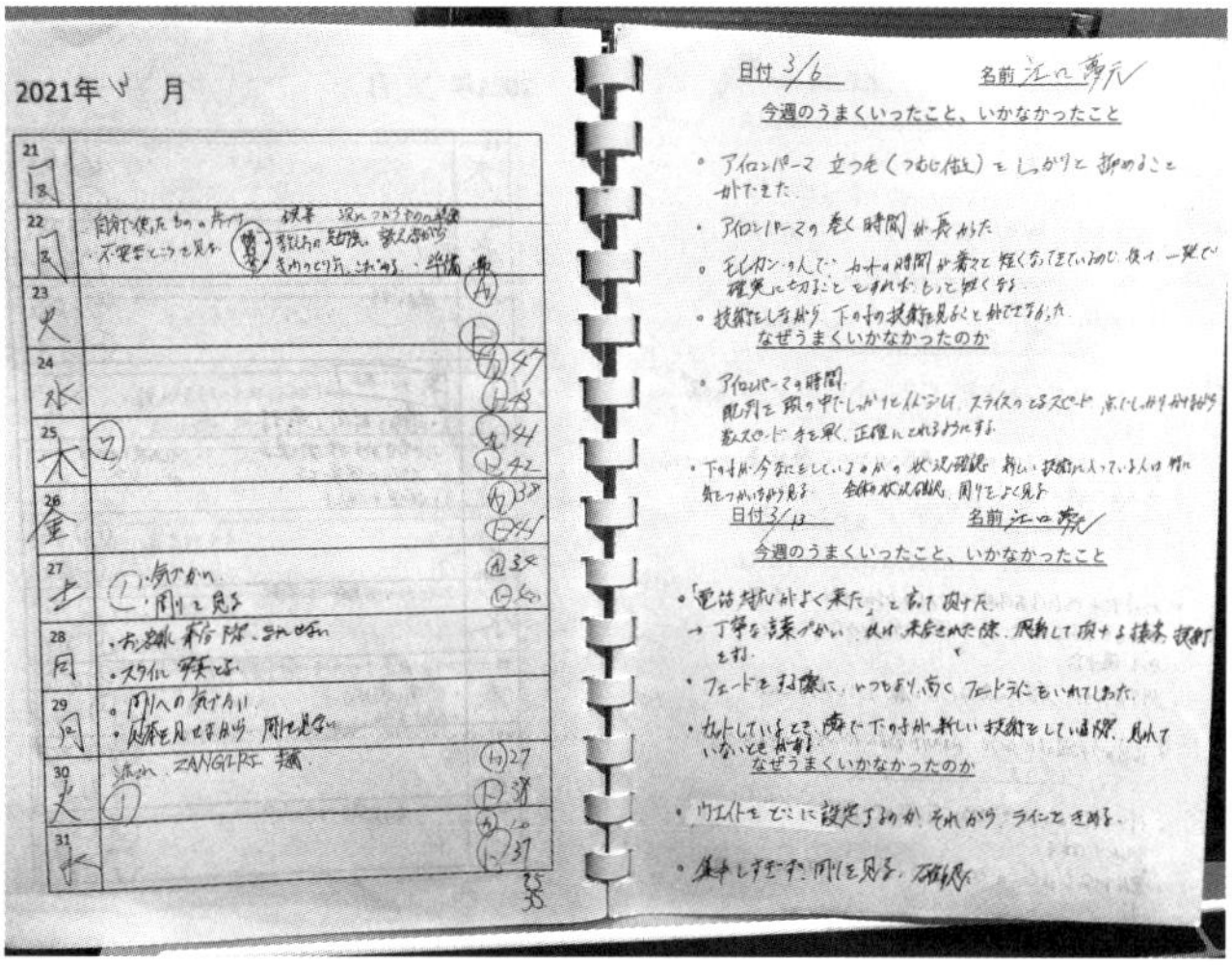

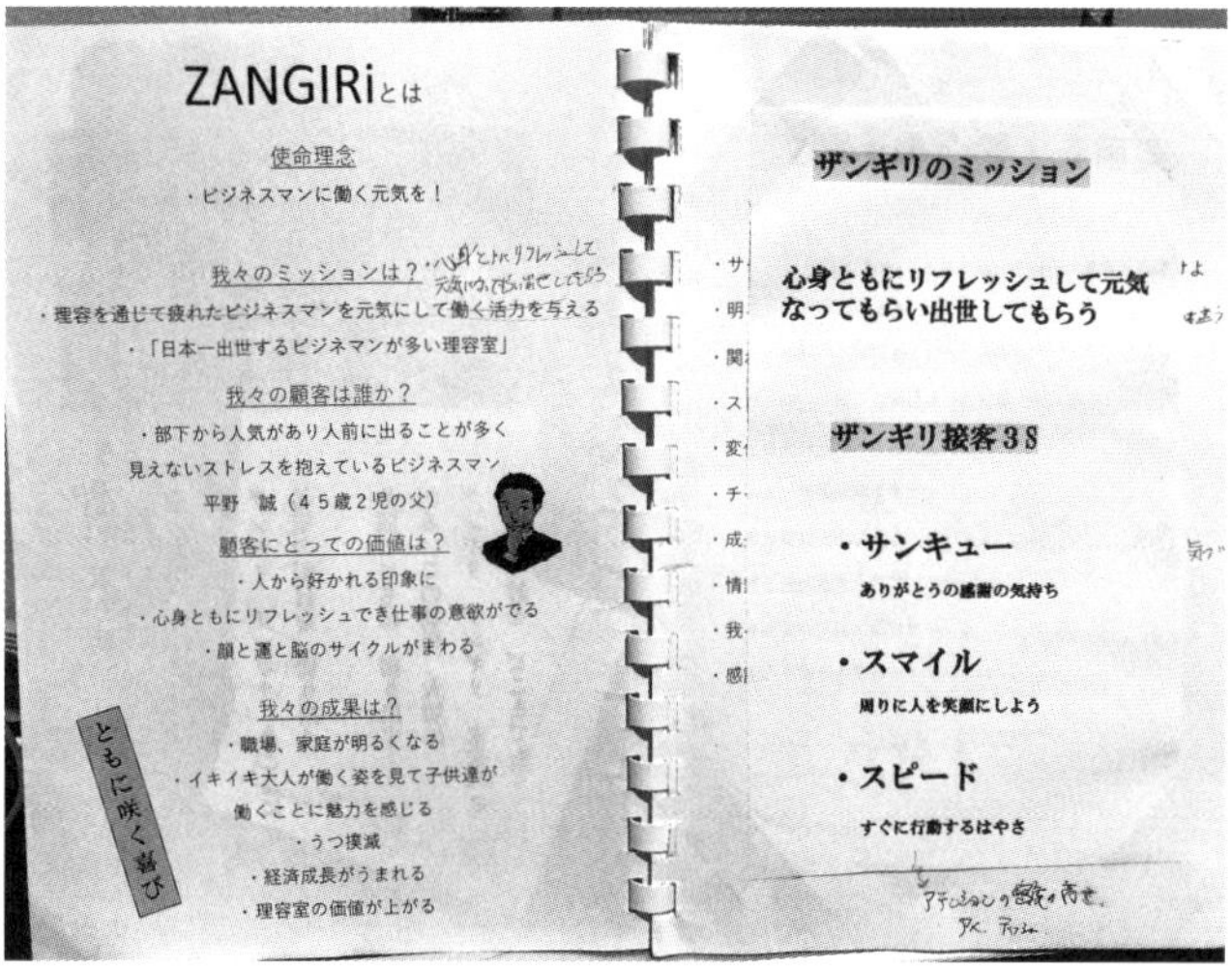

意味でこのようにしています。言わば手帳は財産です。継続は力なりと言いますが、自分から継続するには、まずこのような仕組みも大事になってきます。

◇ザンギリOBの実際に働いていたときの本音

仲間がいれば頑張れる

私が実家に帰ってきてから雇用したスタッフで、すでにザンギリを卒業した人は3人います。実際働いていたときの感想を聞き、スタッフ時代のときはなかなか言えなかったことを卒業して昔話をしながら当時の振り返りを本音で話してくれました。なぜ仕事を続けられたかをアンケート形式でまとめました。

アンケートは、次の内容です。

・在籍中スタッフ間での一番の思い出は？
・在籍中仕事をしていて一番嬉しかったことは？
・在籍中辞めたいと思ったことは？
・なぜ辞めずに続けられたか？
・在職中にやっていてよかったと思うことは？
・卒業して今思えばやっていればよかったことは？

伊藤雅志　在籍11年　２０２０年山形で独立開業

―在籍中スタッフ間での一番の思い出は？

最初はスタッフ２人でしたが、毎年スタッフが増えていき社員旅行やＢＢＱ（バーベキュー）、飲み会など親交を深められ、多くの思い出ができました。

―在籍中仕事をしていて一番嬉しかったことは？

お客様がリピートをしてくださり、周りの方から評判がよく、自宅での髪の手入れが扱いやすいと言っていただけたことです。普段はオーナーや先輩が担当しているお客様からカットしてよ！と言っていただき、やらせていただけたことです。

―在籍中辞めたいと思ったことは？

考えるほどのことはありませんでした。

―なぜ辞めずに続けられたか？

いつも応援してくれる両親、厳しく、優しく、家族のようにしてくださったオーナー家族、サポートしてくれた先輩後輩スタッフ達が常にいてくれたことで特に悩まず乗り切れました。

―在職中にやっていてよかったと思うことは？

最初に支店を任せていただいて、技術だけでなくすべてのことに責任を持たせていただいたので、新たに出店するための準備やアピールの仕方を考えたり、普段経験できないことをやらせていただけたことです。

―卒業して今思えばやっていればよかったことは？

もっとストイックに技術を習得していればよかったです。今は経営から何から何まですべてのことを1人でやらないといけないため、自分の自由な時間というのは雇用されているときが一番あるのだと実感しました。いろいろなことをオーナーにもっと聞きにいけばよかったと思います。

五十嵐 祐介　在籍7年　福島県で両親のあとを継ぐ

―在籍中スタッフ間での一番の思い出は？

社員旅行でグアムに行ってみんなで楽しめたことです。

―在籍中仕事をしていて一番嬉しかったことは？

まだカットしていないときに常連様からだんだん成長してきたね！　今度カットしていいよ！と言っていただいたときはお客様はよく見ているんだな～と思いとても嬉しかったです。

―在籍中辞めたいと思ったことは？

技術がうまくいかないときは向いていないのかなと思いました

―なぜ辞めずに続けられたか？

先輩に相談できる環境があったからよかったです。

要は自分自身の努力次第なので、とにかく練習をしてそれを見てもらって乗り切れました。

自分が学んだ技術をお客様に喜んでもらえたときが凄く嬉しかったからです。

―在職中にやっていてよかったと思うことは？

今も勤めていたときと同じく男性中心の店なのでカットを喜んでもらえることが多いです。

―卒業して今思えばやっていればよかったことは？

実家に帰ると技術練習だけできるわけではないので、ブリーチやデザイン系のカラーリングの技術練習をもっとやっておけばよかったです。

福田 彩乃　在籍8年　長野県で理容室勤務

―在籍中スタッフ間での一番の思い出は？

社員旅行の夜に１つの部屋にスタッフで集まってお酒を飲んでワイワイしたこと。

―在籍中仕事をしていて一番嬉しかったことは？

お客様から指名していただいたとき。それだけ自分も必要とされているんだと実感できました。

―在籍中辞めたいと思ったことは？

思ったように仕事で成果を出せず、先に進めなかったとき。

―なぜ辞めずに続けられたか？

カットがろくにできない中途半端な状態で辞めても、他の店で雇ってもらえないと思いました。なかなか上手にならない自分に親身になって、オーナー、先輩方に練習会でお付き合いいただき辞めずに続けることができました。

―在職中にやっていてよかったと思うことは？

人間性を特に教えていただいたので素直な気持ちで仕事に臨む姿勢。カット（理容技術）の基礎。元気な返事、挨拶など仕事だけではなく社会人として役に立ちました。

―卒業して今思えばやっていればよかったことは？

カットだけできて満足してしまいました。切実にアイロンワーク。細かいロットのパーマなど特殊技術ですね。

◇防犯対策でスタッフを守ろう

トラブルからスタッフを守るための防犯カメラ

近年犯罪は増加傾向にあります。私たち理美容室も犯罪の被害者の話はあまりニュースで聞きませんが、他人事ではありません。以前表の看板にぶつかって怪我をしたので賠償して欲しいと店に怒鳴り込んできた人がいました。相手先の連絡先と名刺を欲しいと伝えたら何も言わずに帰って行きました。脅してその場でお金をもらうおうと思っていたのでしょう。最近のニュースでもマンションに強盗が入ったり、野菜、果物、豚などを盗む人も増えています。

そこで、ザンギリでも防犯カメラを導入することにしました。今はスマホからも見られますし、録画機能も充実しています。取り扱う会社にはいろいろな会社があり、サービス形態もいろいろあ

〔図表30　防犯カメラ〕

ると思います。

例えば、ユーザーにとっては、リースにして月払いしていく方法もあれば、そのまま買い取る方法もあります。夜も赤外線付きなので鮮明に見られます。スタッフを信じていないわけではないですが、レジ締めのときに横領するスタッフもいるという話を同業の仲間から聞くこともありますので、その証拠が残せて事実が言えます。防犯カメラを導入するにあたりよく聞く内容をいくつかご紹介します。

・レジでも金銭の受け渡しのトラブル防止

お会計の際のお客様からお預かりした金額、返す金額が違うなど問い合わせがあった場合の証拠を残せます。クレジットカードなども返してもらっていないなどということもあるみたいです。

・お店駐車場でのトラブル防止

車上荒らし、車が傷ついた、衝突事故などお店側が責任をとらされては大変なことになりますね。あとは空き巣など犯行前に下見に来る可能性もあります。理容室など定休日が決まっているのでその隙を見て下見に来る可能性もあるので、外の監視も大事です。また防犯カメラが見えれば警戒して標的になりにくいです。

・スタッフによる窃盗、盗難防止

以前ザンギリでもあったと父から聞いたことがありますが、スタッフによるレジのお金を盗むことです。毎日少しずつレジの金額が合わないと疑いたくはないですが、考えますよね。そうした証拠となるのも重要です。また薬剤、商品を盗むのもお金を盗むことと変わりません。

・お客様からのクレーム対策・言いがかり防止

カラー剤で服を汚れたなどの問い合わせの際にも証拠になります。髪型についてもカウンセリングのやりとりなど確認を取らずに切られすぎたということもありました。その際も鏡を見せながら施術していたのを確認できたのでその旨をお伝えしました。

もちろん私たちが悪い場合は謝罪します。しかしオーナーがいなくてスタッフだけでの仕事の際にトラブルが起きた場合も、しっかりと対処できることが重要です。スタッフを守るために防犯カメラ設置も1つの対策です。

第4章

お客様を
喜ばせるアイデアが
ブランドをつくる

◇あったらいいな～無料のものでおもてなしが心をくすぐる

ビジネスマンが喜ぶものを考える

とにかくお客様が、こんなのがあると便利だなあ～と思うことを常に考えるようにするといいです。ザンギリではまずご来店した際に、アメニティーグッズ的なメニューをお見せします。その中にいろいろな無料のサービスが掲載されています。

例えば、主な顧客はビジネスマンなので基本スーツを着ています。足元は革靴を履いています。革靴はスニーカーに比べて重いですよね。そこでスリッパを用意してリラックスしてもらいます。

その他にもスマホ、タブレット、ＰＣなどの充電も提供しています。やはり今の時代、スマホの電池残量は気になりますよね！　少しでも増えていれば安心です。約1時間の間充電しているのですからほぼ満タンになってとても喜ばれます。

それと類似してカットしながらもお仕事される方もいるので、Wi-Fiもつけてよりストレス軽減していただいています。

他にもメガネ洗浄機も用意しています。今はネットで、すぐに買えますが、13年前はまだネットでは販売されていなかったので、メガネ屋さんでオーダーしました。メガネがもの凄く汚れている人が多いのには驚きました。

低周波で汚れを落としてレンズだけではなく縁なども綺麗になります。時計のベルトまでも洗浄する人もいます。せっかく髪を綺麗にした姿をメガネが汚れていたら見えづらいですね。綺麗になることは気分も上がります。

低周波洗浄機は街中のメガネ屋さんの店頭でよく見かけますが、恥ずかしいのと、めんどくさいと思う方が多いようです。メガネも高価なものもあり、大事にされている方も多いです。そこでメガネの取り扱いなども、近所の私の行きつけのメガネ屋さんの店長に来てもらっていろいろと勉強もしました。

とにかく普段から視野を広げる

自分が買い物、飲食店、アミューズメントパークなど出かけた際は、これは気が利くな！　と思うことにアンテナを張ると自分の店に合った気が利くおもてなしができるのではないでしょうか？

◇甲子園予想！　宝くじ‼　お客様参加型イベント

みんなが喜ぶ企画を考えると楽しい

ザンギリでは年に数回お客様参加型のイベントをしています。夏といえば甲子園！　青春時代が蘇りますね！　高校球児の汗をかいて奮闘している姿を見るとみんな応援したくなりますね！　そ

〔図表31　甲子園イベント〕

お客様控え

4							3						2						1					
佐賀	鹿児島	島根	京都	滋賀	神奈川	岩手	熊本	愛媛	石川	新潟	埼玉	秋田	長崎	高知	兵庫	福井	西東京	南北海道	広島	岡山	岐阜	長野	千葉	青森
東明館	樟南	石見智翠館	京都国際	近江	横浜	盛岡大付	熊本工	新田	小松大谷	日本文理	浦和学院	明桜	長崎商	明徳義塾	神戸国際大付	敦賀気比	東海大菅生	北海	広島新庄	倉敷商	県岐阜商	松商学園	専大松戸	弘前学院聖愛

8							7						6						5					
	大分	宮崎	和歌山	静岡	東東京	宮城	福岡	香川	鳥取	愛知	茨城	北北海道	山口	三重	奈良	群馬	大阪	福島	沖縄	徳島	富山	山梨	栃木	山形
	明豊	宮崎商	智弁和歌山	静岡	二松学舎大付	東北学院	西日本短大付	高松商	米子東	愛工大名電	鹿島学園	帯広農	高川学園	三重	智弁学園	前橋育英	大阪桐蔭	日大東北	沖縄尚学	阿南光	高岡商	日本航空	作新学院	日大山形

甲子園。応援して楽しんでください。
投票は枠単にてお一人様2通りまでとさせて頂きます。
例　1-1　1-8　8-1　3-5　5-3などです。
締め切りは8月7日までです。

①　＿＿＿－＿＿＿

②　＿＿＿－＿＿＿

こで毎年優勝予想キャンペーンをしています。もちろん無料です（笑）。

優勝、準優勝を2通り予想してもらいます。当たった人にはシャンプーなどプレゼントしたりメニュー体験をしたりします。

甲子園は、春はしないで夏だけします。夏の甲子園は全都道府県が出場します。なので、お客様との会話の中で出身の話や母校が出る話など皆様地元の話を嬉しそうにされます。スタッフも地方出身者が多いので、同じ県だとまた意気投合して会話が弾みます。

お客様の情報も知ることができ、なおかつ楽しんでいただきもし、当たっていれば次回のご来店を楽しみにして来ていただけます。

用意するのは紙とペンだけで材料費もほぼかかりません。

季節に合わせて考えればイベントは沢山ある

他にもサッカーワールドカップなど4年に一度などのイベントがあればいろいろするようにしています。

もう1つお客様参加型として年末にお客様全員に手づくり宝くじをお配りしています。もちろんこれも無料です（笑）。

年明けに当選番号を発表し、当たれば素敵な商品をご用意しています。

上顧客のお客様やいつも差し入れなどしていただいているお客様には少し細工をして当選くじを渡すこともあります。

もちろん全員に喜んでもらえれば嬉しいですが、新規のお客様を追う傾向が強い業界でもあります。やはり常連様を大事にして喜んでいただく！　という感謝の気持ちでしています。

10等はスタッフと記念撮影です（笑）。皆様苦笑いして撮影していただけます。これも次回を楽しみにしていただけるイベントです。参加型ですがお客様が無理なく、楽しいイベントで楽しんでいただいています。

◇オリジナルブランド商品をつくることで競争相手がいなくなる

オリジナル商品はスタッフもお客様も喜ぶ

ザンギリではオリジナル商品がいくつかあります。化粧品ですとシャンプー、トリートメント、ワックス、ジェル、化粧水があります。化粧品は世の中本当に多くありますし、よい商品も多くあります。

理美容専売品と言いつつネットで出回っているのも多く見られます。消費者の人はどれを使えばよいかわからないですし、理美容室に行けば当然すすめられます。今の時代押し売りされると嫌がる人が多いです。また、すすめたところで、ネットで買っていると言われてしまう場合があります。

そこで、オリジナルブランドをつくってオンリーワン商品をつくり、スタッフも楽しくアピールできるようにしました。コスト面でも何本でいくらと、小ロット生産をし、多く在庫を抱えることなく、個人店でも十分売り切れるくらいです。完売になれば数倍の利益にもなります。

スタッフみんなでビジネスマンが喜ぶシャンプーとは？　を考え加齢臭対策にしよう！　金運が上がるように色は金色にしよう！　泡立ちをよくして時間短縮できるようにしよう！　ロゴデザインは縁起のよいダルマにしよう！　など意見を出しながら、出世するビジネスマンに使ってもらえるように出世髪という商品名にしました。

〔図表32　出世髪〕

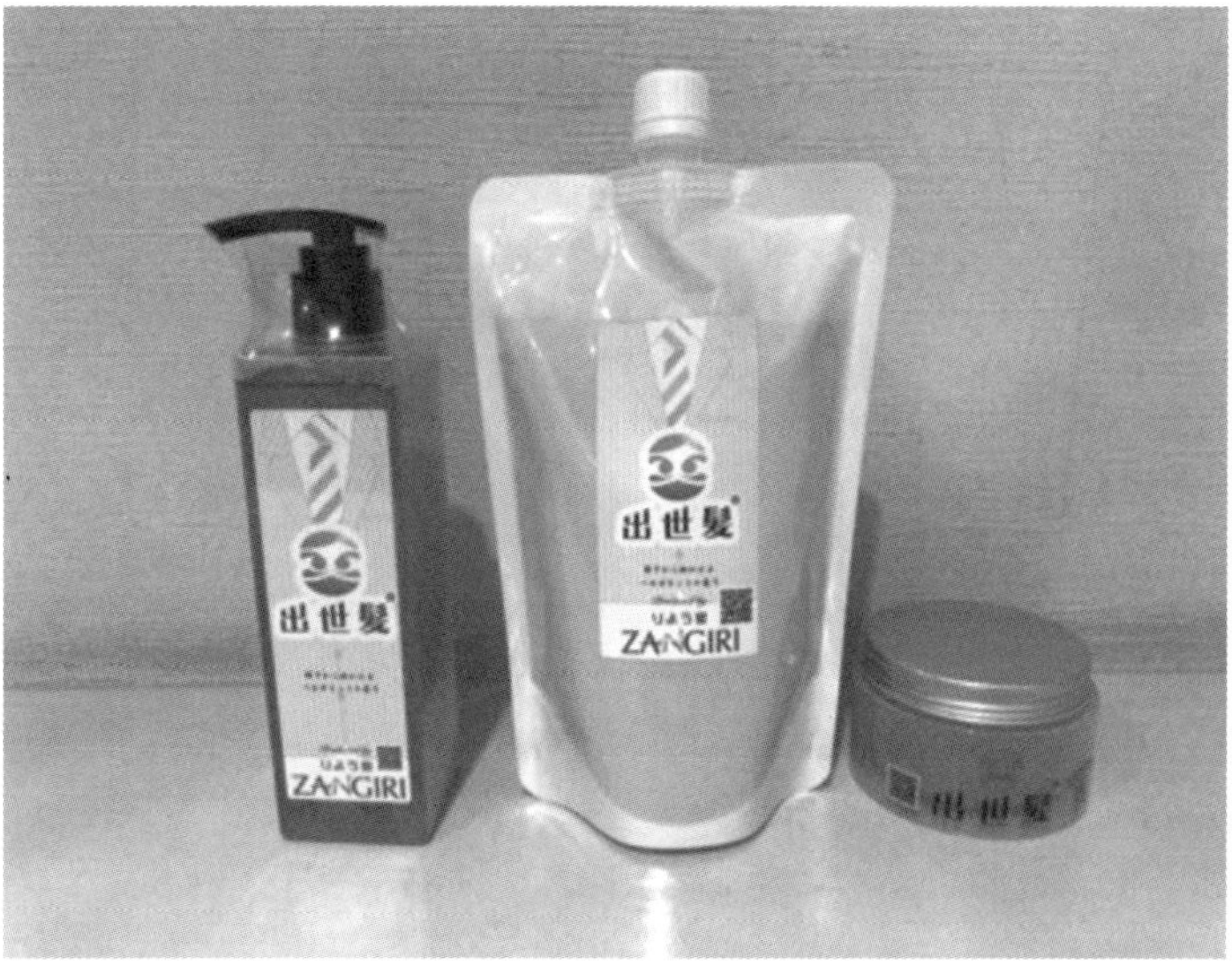

なぜつくるかの目的を持つことが大切

真似できないように商標登録もしてオリジナル感を強調しました。社会貢献もしようということになり、シャンプーの売上の一部を小児がんの子供にカツラをつくる団体に寄付しています。

お客様にこういった経緯など会話の中でお話していると自然と買ってくれる方は多いです。

シャンプーは毎日使う物であり絶対なくなるので詰め替え用もつくるようになりました。そしてワックス、ジェルと種類を増やしていきました。

オリジナル商品もお客様のためにつくった物なので伝えやすいですし、お客様も応援してくださるのでとてもいい関係がつくれています。

◇ネヨカの法則で提案しよう

亀の甲より年の功

ザンギリではお客様に何かを提案するときにネヨカの法則を使っています。これは父から教わり今もマニュアルとして活用しています。例えばマッサージをオススメするときには「お客様、肩がものすごく凝ってますネ。マッサージメニューというのがありますヨ。やってみますカ?」という流れです。自然とオススメするやり方です。

なんでも押し売りは嫌がります。もちろん信頼があれば「これいいのでやってみますか?」と言えば常連様ならやってくれる方は多いかと思います。それでも毎回毎回、同じことを繰り返していたらまたか! となりますよね。そこでこのネヨカの法則を使います。

ネヨカの「ネ」はお客様の現状を教えてあげることです。今お客様はこういう状態ですよ! と。例えば、「肩が凝っていますネ」、「顔が疲れていますネ」、「頭皮が荒れていますネ」などです。そうするとお客様も共感していろいろと悩みを聞くことなどもできます。共感ができて初めて提案ができます。

ネヨカの「ヨ」です。こういうのがありますヨ。というお客様に合わせてそれに合うものを提案できます。お腹が痛いのに頭痛薬を提案しても響きませんよね。それと同じです。

そして最後にネヨカの「カ」です。「やってみませんカ?」、「どうですカ?」、「試してみませんカ?」という最後のお願いです。

共感があるので話を聞いてもらえる

こちら側もお客様のための共感してもらい、そして提案してからの最後はお願いなので、自然の流れで押し売りにならずにオススメすることができます。

大事なことは売ることとではなくお客様の悩みに共感し提案することです。よいものは伝えなければ何も生まれないのでぜひ試してください。

◇５円玉のキャッシュバックでご縁をゲット

お店から帰った後もアフターケアをする

ザンギリでは、お会計の際にお清めした５円玉をプレゼントしています。月に１回スタッフで行く行列のできるとんかつ屋さんがあります。その店では、年初めになると鎌倉にある銭洗弁天（お金を洗うと金運が上がる神社）でお清めした５円玉をポチ袋に入れていただきます。それをもらうととても幸せな気分になります。

それがきっかけでザンギリも毎回くるお客様に５円玉を渡すことにしました。初めは銭洗弁天

〔図表33　五円玉〕

まで行ってお清めしていましたが、最近は近くの氏神様の神社の水でお客様の出世を祈ってお清めしています。

5円玉には立身出世、商売繁盛、恋愛成就、交通安全、無病息災、一攫千金、合格祈願、というシールを貼ってそのときのお客様との会話の内容に合った5円玉を渡しています。

以前のプレゼントには発毛促進剤もありましたが、嫌味な感じがしたので止めました（苦笑）。5円玉をもらってパチンコ行ったら勝ったよ！　競馬で当たったよ！　受験受かりました！　昇進しました！　などと嬉しい言葉ももらい、また5円持っていくね！　と毎回もらっていくようになりました。運気つけたいので部下を連れてきました！　など紹介までしていただけます。

次回来店の際の話のきっかけにもなる

験担ぎみたいなものですね。お客様には必ず使ってください！　と伝えます。使うことが世の中のお金を回すという思いと、使うときにシールが貼ってありますので、うちの店のことを思い出して欲しいという願いもあります。

近くのコンビニのレジには、ときどきこの5円玉が入っていたのを見たときはニヤッとしました。カット料金約６０００円の中のたかが5円のキャッシュバックですが、されど5円！　絶大な効果があります！

◇お客様を巻き込むアンケートで話題づくり

理容室は情報網

ザンギリではお会計の際に市場調査という名目でアンケートをしています。理容室は情報が集まる場所です。生の声が直接聞ける場所でもあります。例えば、同じ会社の人が来ていてあの人で上司は〇〇さんだ、あの人は出世した！　などいろいろな噂や出来事をよく耳にします（多言はしません）。

住宅街にあれば近所のあらゆる人間関係の噂も耳にするそうです。本当に情報が集まる場所です。

〔図表34　理容談義〕

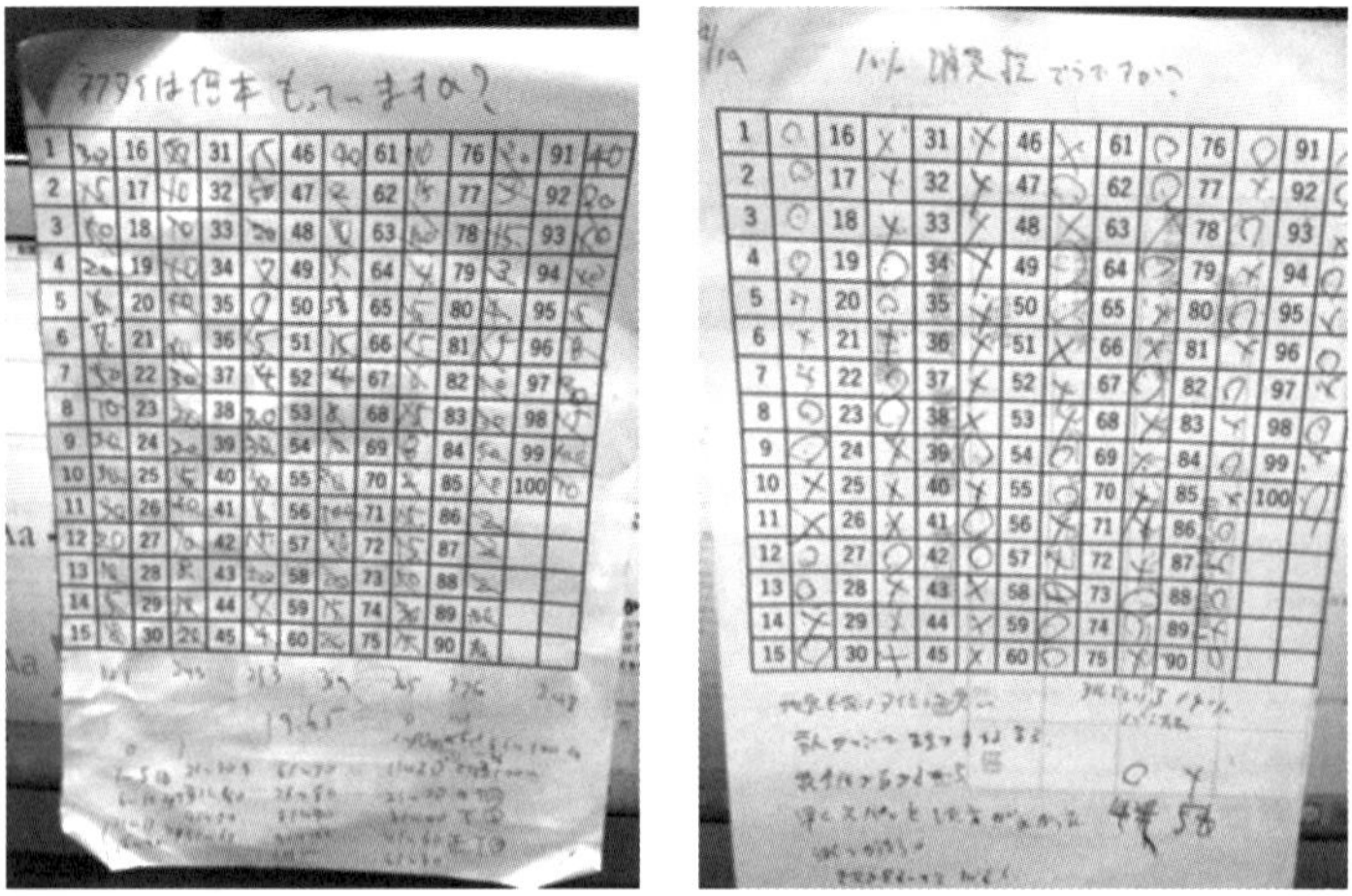

理容室はお客様からリアルな声が聞ける

昔は床屋談義とも言われていました。そこで理容談義®と名前をつけてビジネスマンが考えている内容を100人に聞いて発信するアンケートをしています。政権に賛成か？　都知事は誰が当選しようか？　など政治の話からネクタイは何本持っているか？　好きなおでんの種類は？　などさまざまな内容で聞いています。今は約200回なので20，000人の人から聞いていることになります。それをブログやSNSで発信しています。

聞かれたお客様も毎回聞くので今回は何？　と楽しみに聞いてくれるようになりました。お客様の情報もいろいろ知ることができたりそこから会話が盛り上がったりすることが多いです。スタッフ達も会話に困らずその話題で次回のときもお話できますし、一石二鳥です。

お客様にもアンケート結果をメールで送っています。そこで個人情報も聞くことができ、店の情報、キャンペーン情報などお知らせも送れるようになります。

生の情報はとても価値が高いと考えています。今は１００人のビジネスマンですが、理美容師が全体で取り組めばものすごい数の事情調査もできます。これも近い将来実現すれば理容室の価値も上がるので楽しみです。お客様も一緒に参加して、お客様のことをもっと知ることができればまたそれに合わせた会話、提案もでき、より店を好きになっていただけます。

◇メニューの決め手は松竹梅！

メニューの見せ方はわかりやすくシンプルが一番

ザンギリはトッピングメニューが非常に多く、毎月平均８割のお客様に体験していただいています。毎月のキャンペーンで新メニューをつくれば、それが追加されどんどん増えていきます。

ですが、メインメニューは松竹梅の３コースにしています。客単価を増やすには基本メニューに必ずプラス何かは欲しいと思います。飲食店であればメインプラスお酒やおつまみ、うどん屋ならうどんプラス天ぷらのように、何かプラスされれば売上も上がります。

〔図表35　メニュー松竹梅〕

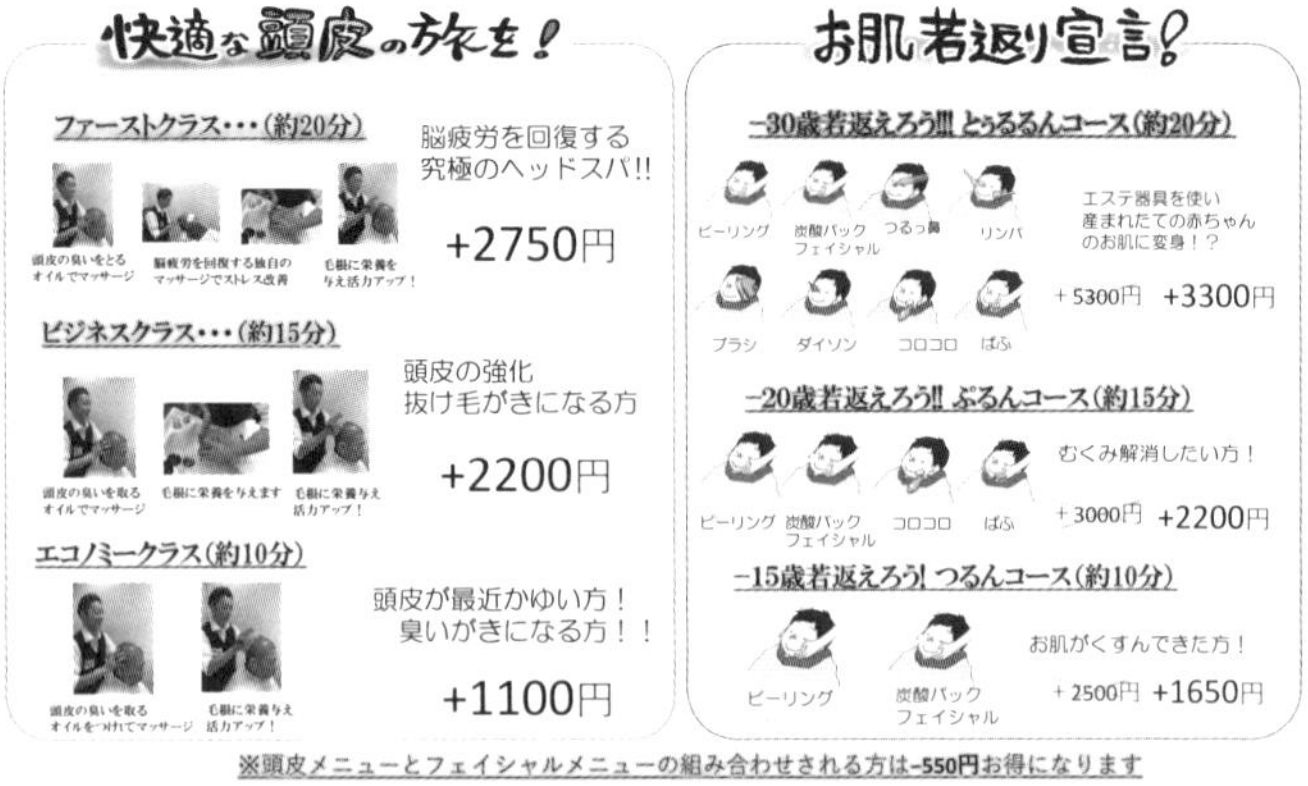

また、多過ぎるとお客様も選ぶのに迷ってしまいます。働くスタッフ達も覚えるのに時間がかかりますし、どれを進めていいかバラバラになってしまうでしょう。したがって、３つ程度に絞るとすすめやすいです。

実は価格が安いのは選ばない

ザンギリでは顔のマッサージ３コース、頭のマッサージ３コースあります。どのコースが一番売上が高いと思いますか？　頭のコースも顔のコースも一番値段が高いコースなのです。しかし個数だけ見ると真ん中の竹のコースが一番多いです。

これは心理的なものもあります。こうして考えると一番やってもらいたいものの内容と値段を決めてから他の２つを考えるといいです。２０００円のマッサージコースを決めてから１５００円、３０００円と上下のコースを決めます。

上のコースは意外と高く決めても、そのサービスが好きな人はオーダーしてくれますので、思っている以上の値段がいいと思います。もちろん、その値段相応の質の高いサービスを提供できないとなりません。

店からのオススメは竹にしていますが、お試し段階の人は梅をオススメします。大変ありがたいことに、ザンギリでは、常連様になるにつれて松になっていく傾向があります。結果的に一番高いものが多くなり、我々店側もお客様の期待以上の価値を提供できるように日々努力を重ねております。

いずれにせよ、お客様にとっては多くの商品をダラダラ説明されるよりも、たった３つの情報を伝えられることで、店側からのメッセージも伝わりやすくなり、お互いウィンウィンになっていきます。

◇メディア出演ぞくぞく！　政治家髪形診断家誕生秘話

メディア出演は誰でもできる

私は政治家髪型診断家という肩書を持って活動しています。今ではテレビ、ラジオ、新聞、雑誌など、メディアにも出演しそれを見てご来店される方は非常に多いです。

たかがブログ、されどブログ。お客様からのアドバイスで政治家の髪を評論してブログを書けば面白いかもよ！　ということで、私の店の客層でもあるビジネスマンと政治家は同じ髪型の分類でもあるのでやりやすかったです。

ブログは非常に大変です。最初は面白いと思い自分の専門の知識をふんだんに使い一生懸命書こうとします。しかし、次第にネタも尽き、仕方がないので日常生活の話題なども入れ始めます。

しかし、私たち一般人は芸能人と違い、晩飯に何食べたとかどこどこに行ったなどの話題に誰も興味を持ってくれません。そうしているうちに反応もなくなり辞めてしまう人が多いのではないでしょうか？

私が書いたブログは、政治家の髪型評論ですが、政治家は数年に1回は解散し選挙をします。いろいろと問題を起こして話題になる人も多く注目されます。ですので、ネタに関しては尽きることはありません（飽きることはありますが）。

評価と言っても悪口は書きません。見ている人がそうなんだね〜とか、なるほど！　となる内容にしています。

そしてまだ誰もしていないことなので、やり続ければ第一人者になれます。自分の専門分野と趣味でもいいですし、何か組み合わせることでこの第一人者になることができます。肩書きを自分で勝手につくっても誰も文句を言う人はいないと思います。

目的が明確だとメディアも反応する

まずは何をするかを決めることが重要です。そうして3年くらいして初めてテレビ局から総理大臣の髪型について評論して欲しいという依頼が来ました。それを機に総理大臣が変わるたび、選挙のあとなど芋ずる形式で依頼が来ました。

また店の取り組みも面白いと注目され、新聞や雑誌、ネットニュースなどにも掲載されて多くのお客様がご来店されました。

もちろん常連様も喜んでいただいています。極め付けは、評価した政治家さんに食事に誘われるまでに至りました。もちろんメディアに出ることも嬉しいのですが、業界のよさも同時に伝えることもとても大事な役目だと思っています。

◇誕生日、記念撮影、常連様がもっと店を好きなってくれる

サプライズでお客様をビックリさせる

ザンギリでは毎月常連様には誕生日のお祝いをしています。40代、50代になるとあまりお祝いとかをしてくれる人は少なくなるので、意外と喜んでくれる方は多いです。

誕生月もしくはその前月にご来店された方には、オリジナルジュースをプレゼントしています。内容は写真を見ていただければわかりますが、パロディっぽくしてお客様の名前を入れてお渡しします。

データはパワーポイントでつくってそれを印刷して切るだけなので、１つのデータをつくればそ

〔図表37　誕生日ジュース〕

れほど難しくありません。面白そうなフレーズなどはスタッフたちと考えています。お客様も大変喜んでいただき、凄くいいリアクションをしていただけます。

これをかれこれ8年間実施しています。清涼飲料ドリンクのCCレモンから始まり、コーラ風、リアルゴールド風、クリスタルガイザー風、コーヒー、などしてきました。常連様も毎年楽しみにしていただけるようになりました（ハードルも上がりますが・・・）。

お祝いを喜んでもらえて嬉しくない人はいない

また、家族の人も反応してくれたり、会社のデスクの上に置いておくといろいろと同僚に聞かれるなどと嬉しい言葉もいただいています。もったいなくて飲めないからとずっと口を開けずに取っておいてあるお客様もいらして、「8

年前にもらったドリンクのラベルの紙は色汗てるよ」と、かえって我々のほうが感動して涙もののエピソードもあります。

コストもミニ缶にしているので、それほどかかりません。１本50円でこんなに喜んでいただけるならやりますよね！　そして極め付けはスマホにも入っているゲームをします。抽選くじのアプリがあり、それをお客様にやっていただきます。１等はシャンプープレゼント、２等はマッサージなど、できる範囲でします。３等は記念撮影か新人の笑顔です。

どっちもいらないよ〜と言いながらやっていただいています。新人の笑顔でしたら新人も覚えてもらえるきっかけができます。記念撮影はスタッフと一緒に撮ります。撮った写真は入り口に貼っています。これを見た人は常連様が多くいるのだなあ〜と安心してくれます。

また、撮った写真はお客様に送っています。店のアドレス、ラインなどに登録していただいて送っていますので、自然に情報をお聞きすることもできますし、今後の店の情報も送ることができます。お客様に喜んでいただきながら店の宣伝もできるので嬉しいことですね。

◇靴磨き職人とコラボ〜「集める集客」ではなく「集まる集客」

お互いのメリットがあればコラボは成功する

ザンギリは他業種とコラボして大成功しました。プロの靴磨き職人が靴を磨くサービスをしています。もともとはザンギリのお客様で靴磨き職人の高木さん。その当時は新宿の路上で靴磨きをしていました。

ある日、髪を切りながら話をしていると「自分は靴磨きをしている」などという話になり、私の靴も磨いて欲しいとお願いしました。私自身初めて靴を磨いてもらいましたが、素晴らしく感動したことをよく覚えています。

そうしてたまに磨いてもらうことにしていましたが、突然ある日に「ご相談があります」と高木さんが来店しました。事情を聴くと、「路上で靴磨きの仕事をしていたら、区の関係の人からここでやってはダメだということになり、靴磨きの仕事ができなくなってしまった」と。そこで、ザンギリの店内でできないかということになりました。もちろん快くＯＫしました。

やはりビジネスマンは革靴を履いています。身だしなみに気を使っているお客様はとても多いです。靴磨きは別途で料金はかかりますが、ザンギリのお客様には特別料金にしています（ちなみに、ザンギリは中間手数料をもらっていません！）。

しかも靴を脱いでリラックスでき、カット中に磨き終わるのでお客様にも時間の負担がかかりません。トータルで綺麗になることは気持ちいいことですね。

私たちスタッフも磨いてもらっていますが、靴の寿命もものすごく長くもちます。働いている方もウキウキしますよね。

また、高木さんに昔から付いている常連様も靴を磨きにいらしていただき、そのついでに髪も切っ

〔図表38　靴磨き〕

ていただけるようになる人も多く増えました。嬉しいことです。

明るい場所には人は集まる

今の時代はどうしても「集める集客」が主流となりがちですが、お陰様で「集まる集客」になっています。お客様もいきなり知らないところに行くよりは抵抗感がなく、リピートしていただけます。

しかも高木さんは「チェリスト」というもう１つの顔を持っています。週末はチェリストの仕事もあり、その演奏を聴きにザンギリのお客様も行っていただいたりしています。その話題でまたご来店のときに会話が弾みます。

一度ザンギリでも営業中に弾いてもらったり、入社式などの際は弾いてもらっています。どちらもハッピーになり、お客様も喜んでいただき、最幸のコラボになりました。

◇観相学を用いて顔占い！

専門分野にさらに磨きをかける

私は観相学の導師の資格を持っています。詳しくは嘉祥流観相学と言います。人の顔を見ることができます。占いではなくて顔というのはその人が歩んできた人生が顔に出るということです。いいことも悪いことももちろん人間なのであります。額から眉毛、目、鼻、口、耳、ほくろなど、どういう性格でこうなったのか！　ということを勉強してきました。

これも歴史がとても深く、話せば長くなりますが、しっかりとした理論がある学問です。人の顔を占うために習得したのではなく、その人のよいところをさらに伸ばすために覚えました。店のキャッチコピーも出世をテーマにしていましたので、ただ謳（うた）っているのではなく、説得力も必要でした。

私たちは髪の専門家ですので変えられるのは髪の毛と眉毛です。そこは強みにして「人から好かれるにはこうするといいですよ！」とお客様に顔のいいところを褒めることもでき、より喜んでいただいています。

それを利用しながら出世する髪型についての顕教もしています。「左分けにする人のほうが出世しています（笑）」と楽しんでもらいながらその人のよさに気づいてもらい発見してもらえば、さらに

〔図表39　観相学〕

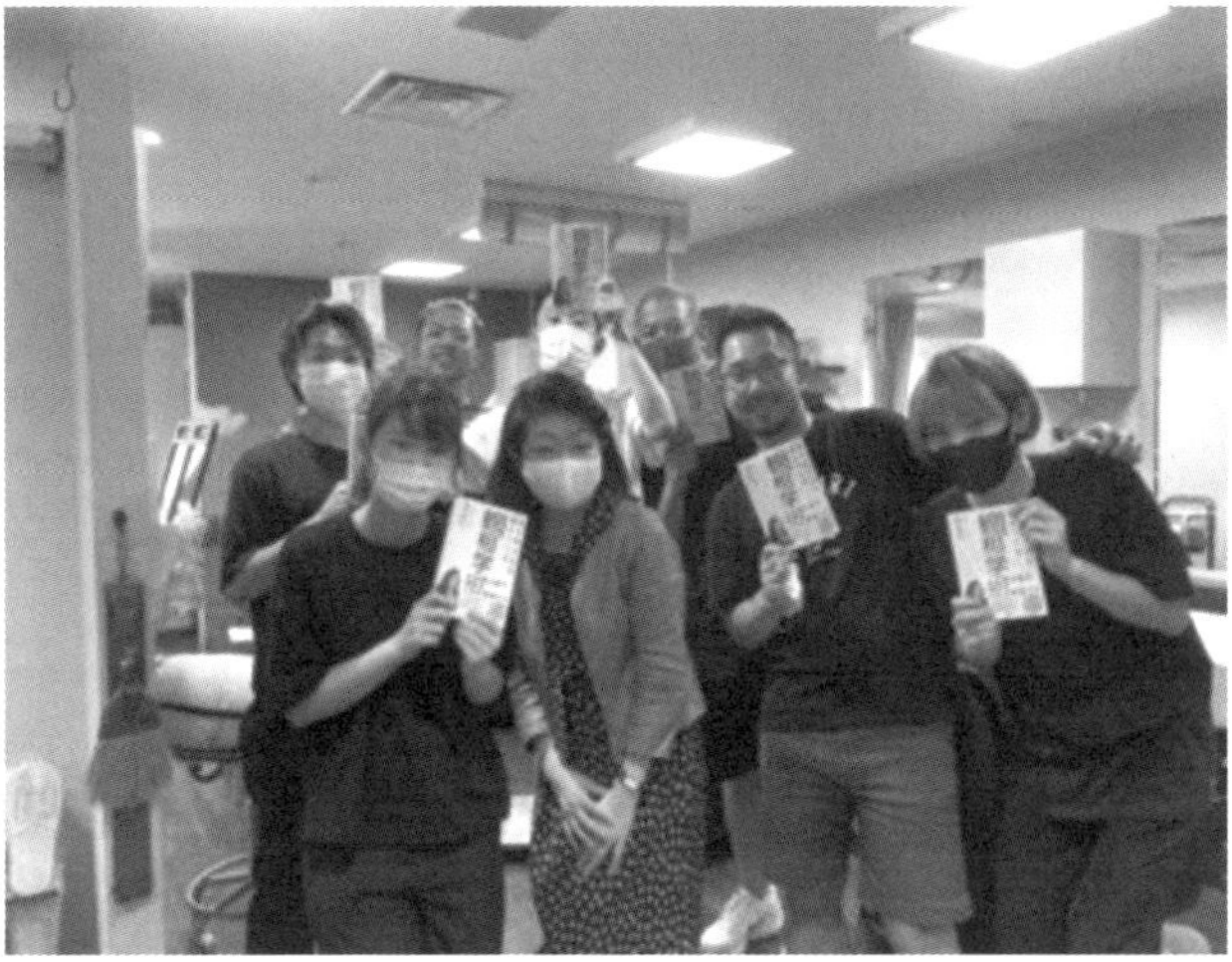

店も好きになってもらえますし、飲み会の話のネタにもしてもらえます。そうすると、口コミが広がり新しいお客様もご紹介いただけます。

紹介してもらいたいなら個性が必要

口コミを依頼する際に、「紹介してください！」と単にお願いする前に、お客様が自分の店をどう紹介するかがポイントです。「あそこいいよ〜！」と言っても何がいいかわかりません。

ザンギリでは「あそこ行くと出世するみたい！」と言ってもらえるように考えています。そのほうが「あそこの店面白そうだな〜」とイメージがなんとなく想像してもらえます。自分のメインの仕事とそれをプラスアルファーできる武器があるとよりインパクトが持てますね！

そして可能性が広がります。

◇右耳にささやくと共感する心理学を活用しよう

行動心理を活かせばお客様も安心する

ザンギリでは心理学をうまく取り入れて活用しています。すべての人がこうだからこうしろと徹底的にすることはなく、お客様に安心感を与えるために幾つか取り入れています。

私は8年間修行をして実家に戻りました。そのタイミングで通信制の放送大学に入り5年かけて卒業しました。その中で心理学と教育学を学ぶことができました。ザンギリでは最初にカウンセリングをしてお客様の悩みなどお聞きしています。これは、安心感を与えるためです。

そして必ず右側からお客様目線でお話します。ここで右側というのがポイントです。なぜ左側ではないのか？　これは心臓が左側にあるので左側に人がいると警戒する心理があります。心臓＝命を脅かされるのではないかということで敵を意識してしまうそうです。なので、右側にいるほうが安心するということです。そうすることで店に安心感を与えて話しやすい環境をつくれます。

プロは心理学を自然とやっている

父親もハサミでお客様の髪を切るときは必ず右側から切っています。聞くとこれも刃物を使うので安心感を得るためだと話しています。その他にも座っているときの足の位置も重要になります。

足を前に出している人は安心し切っている人です。なんでもメニューなどをオススメするとオーダーしていただける可能性があります（笑）。

逆に足を内側にしている人はまだ緊張や警戒している状態です。女子アナが足を斜めにするのは、同様に緊張していることの現れです。

ちょっとした人間の心理状態は行動に現れます。少しでも安心してリラックスできる環境をつくり癒すためにも、心理学をうまく活用するのはとてもポイントとなります。

◇宣伝はデジタルとアナログをうまく使う

お客様はまずネットで調べる

ザンギリでは、アナログとデジタルで宣伝を行っています。最近ではネット社会なのでホームページは不可欠です。今ホームページをどうするなど細かいことは言いませんがホームページがない店が多い業界も多いです。（理容室も）まずはつくることが大前提です。

ザンギリの店の前には看板が置いてあります。これも季節変わりで変えています。内容は一言で突き刺さるフレーズと絵です。何これ？　なるほど！　と言ったことを考えて入れています。そうすることで見込み客もあそこの店気になっている、や怪しいよね、などと調べてみようかなということになります。そこで調べるのがホームページになってきます。

〔図表40　看板〕

この中で店のコンセプト、値段、メニュー、雰囲気、スタッフなど丁寧に説明していれば安心してご来店いただけます。もちろん好みもありますが。まずは店を知っていただくために看板というアナログを使ってデジタルに落とし込んで、ご来店のきっかけをつくっています。

誰に伝えたいかを明確にするとうまくいく

ザンギリは有料の集客サイトなど使わずに月に１００人以上の新規客がご来店されます。

集客サイトも今では1回の掲載料が50万円以上かかることも珍しくありません。しかもカット料などを安くして広告を打てば、それはそれなりに新規客はご来店されますが、広告費を稼ぐために毎日安いサービス料で沢山の人数をこなさなければなりません。

仮にそこで利益が出ないようなことがあれば、肉体的・精神的にとても疲れて仕事に対するモチベーション自体がなくなりかねません。

◇オンラインからリアルにつなげる

時代に合わせて発信の仕方を変える

時代はどう変わろうと商売の根本はお客様に喜んでもらえることです。コロナ禍が蔓延し、対策が思うようにいかないのは誰でも感じています。もちろん、何もしなければ何も生まれません。今はどんどんオンラインへ変わってきています。理容室は絶対にオンラインでできない仕事です。

しかし、在宅化が進みオフィスに出社するのも週2回くらいのビジネスマンが多くなりました。当然新宿にあるザンギリにも仕事帰りに来店されるお客様は激変しました。今は昼夜関係なく来店される人が多くなり、コロナ前とは全然違う様相になってきています。

聞いている人がなるほど！　と思える豆知識を紹介

そこでオンラインを使って、お客様に興味を持ってご来店いただく企画を立てました。それは、オンライン会議が主流でザンギリに来られるお客様はそれなりの立場の方が多く、人から見られる地位にある人たちです。当然オンライン会議では話を聞くほうではなく部下をまとめる役の方です。当然身だしなみもきちっとしていなくてはなりません。

しかし、多くの男性は無頓着です。女性ですと写真の角度やポーズなど上手ですよね。今後は男

〔図表41　オンライン素材〕

性もパソコンから見た自分を意識しないといけません。パソコンの角度、証明、背景などちょっとした工夫でいくらでも好印象に見えます。それをオンライン、YouTubeにアップして見ていただく。そこで興味を持っていただければ、ご来店につながります。

もちろん、常連様にもＤＭでご案内して喜んでいただいています。今の時代に合わせて自分たちがどうやってお客様の喜ぶ情報を発信できるかがとても大事です。

◇今できるコロナ対策

安全対策をきちんとすることが安心につながる

コロナ禍が始まる前は、ザンギリが提供するサービスの価格は、付加価値をどれくらい付けるかなどで決め、お客様は、その内容を想像してオーダーしていました。２０２０年4月以降緊急事態宣言後は非対面の形がどんどん進んでいき、お客様からのオーダーは少なくなっています。

私たちの仕事は対面でしかできません。技術力、サービスのよさを謳ってきましたが、今は安全、安心を第一に考えなくてはなりません。もともと私たちの職業は保健所の厳しい審査をクリアして開業が認められます。消毒等は徹底していますが、より安全ということもしっかりお客様に伝えなければいけません。社会の状況は毎日時々刻々と変わってきます。今何をすべきか、しっかりと見極めることが大切です。

〔図表42　コロナ対策〕

【ザンギリのコロナ対策】

ペダル式入店時アルコール消毒をしてもらいます。

次亜塩素酸水で靴を消毒します

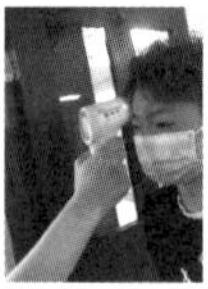

検温してもらい37度以上の方はご遠慮いただいています。

オゾン発生器でウィルスを殺菌します

次亜塩素酸水で店内を散布

対面にならないように一席ごとに仕切りを設置

常時店内換気

使った器具、機材は毎回消毒

スタッフは常時マスク着用、マスクの中は笑顔です

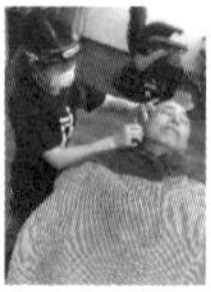

常にマスクをし、顔そり時はフェースマスク装着

スタッフ、お客様双方の安全を考えること

ザンギリも店前にはコロナ対策のＰＯＰを貼ったり、新たにいろいろな対策をしています。とにかくしっかりコロナ対策を強化していることを伝えています。私たちが他の店に行くときはこれがあると安心というものを取り入れています。

以前は手数料がかかるからクレジットカードは導入していませんでしたが、今は硬貨をさわりたくないというお客様からの要望でクレジットカードも導入しました。店が得になるからという理由も大事ですが、まずはお客様の安全を考慮し安心できる空間を提供していきます。時代に合わせての変化はとても大事なことです

◇お客様への心温まるニュースレター

手づくりの手紙は温かさがある

ザンギリでは、常連様を大事にするためにダイレクトメールを送っています。初代から葉書を送っていましたが、今はメール、LINEなどいろいろな形があります。葉書にはお休みのお知らせを入れて、切りごろ（整髪のタイミング）に届くようにしています。

メールも今は予測機能などもあるポスレジなどもあるので、その人の切りごろに合わせてメールを送ったり、誕生日にお祝いメッセージを送ったり、カットしてから３か月間来店されていない人

〔図表43　ニュースレター〕

にはご来店を促すメールを送ったりしています。

最近はスマホを見る人のほうが多いのでメールもそうですが、LINEを活用して店のイベントや休日のお知らせを送っています。そして常連様には特別な手紙を送っています。約200人の常連様で1年間の来店回数、合計金額で上位のお客様に送っています。

内容は最近1か月こんなことがありました！　という新聞風にしています。スタッフの誕生日や、大会の結果、スタッフにスポット当ててつくっています。

仮にまだ来店歴の浅い人ですとスタッフのことも知らないですし、ふ〜ん、と言ってあまり関心なく終わってしまいます。常連様ですとスタッフとの会話で、大会で優勝したんだって！　スゴね！　などと言っていただいたり、誕生日おめでとうと心のこもったプレゼントを持って来てくださったりする人もいます（それが目的ではありませんが）。

スタッフも声をかけられれば嬉しいですし、やる気も出てきます。その手紙には常連様のみ送っていますというコメントもあります。

常連様ほど特別扱いしよう

やはり常連様にも特別感を演出したいですから。そして誰に送っているかもカルテにわかるようにしています。ですので、スタッフもどのお客様も平等ですが、常連様にはより感謝を込めて接客してくれます。お互いが気持ちよくなりますよね。お客様との信頼も深まり、より店のファンになっていただけます。

◇地域を巻き込んで喜んでもらう

地域全体に喜んでもらうことが大切

どこの街も商売は地域密着型だと思います。商店街でやっていればもちろんですが、商業施設、住宅地にも必ず商売をしている店はあります。ザンギリの周りもビジネス街ですが、チェーン店の飲食店や個人店などもあります。

〔図表44　地域の地図〕

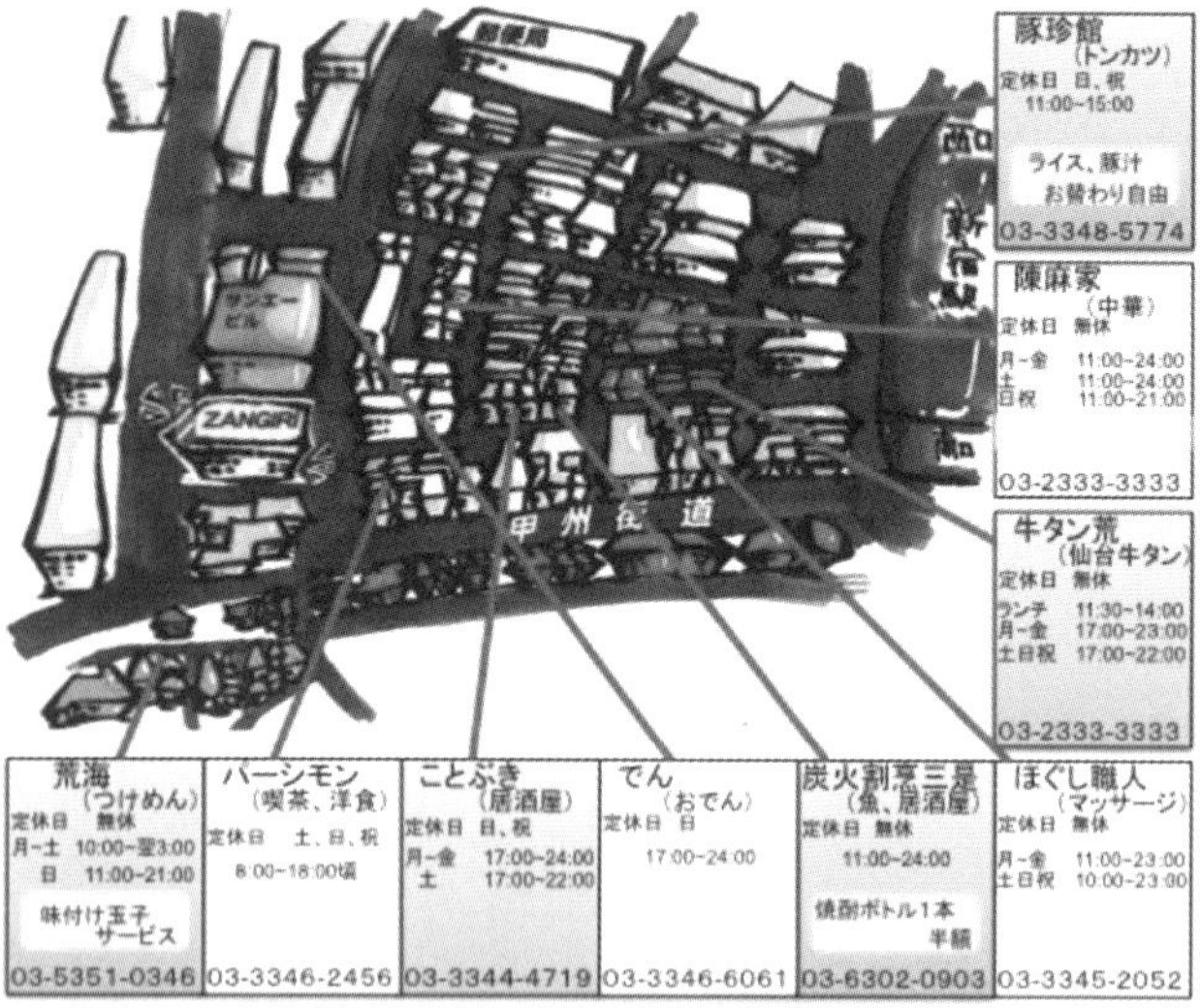

近くの飲食店などの社長さんや店員さんも少なからず髪を切りに来てくれます。私もお客様のところには食べに行くことも多く、段々仲良くなっていきます。行けば何かしらサービスもしてくれます。

ザンギリに来ているお客様の会話の中でもあの店よく行くよ！　や、美味しい店教えて！　などの会話もあり、店を紹介したりすることもよくあります。

1人では地域活性化はできない

そこでもっと知ってもらおうと思い、飲食のオーナーとザンギリの紹介と言えば何かサービスしてもらえないかという交渉をしました。皆快くOKを出していただきました。

ラーメン屋さんだと味付け卵サービス、居酒屋さんですと焼酎1本半額、定食屋さんならキャベツおかわり自由など男性には嬉しいサービスです。それをポイントカードに地図を書いてどこにあるのかわかるようにつくりました。これを見せたらサービスが受けられるような形にしました。お客様の店には負担のかからないようにしました。

お客様からあの店行ってきたよ！　よかったよ、おいしかったよ、など多くの嬉しい声を聞かせていただきました。飲食店のお客様からも喜んでいただき、また弊店のファンにもなっていただけます。

また新たにうちも参加したい！　という店も来ます。商店街でなくても地域でできることは多くあります。地域が喜ぶことが結果、自分の店を好きになっていただけることに繋がります。

◇業務を効率化し、その分の時間をお客様サービスに

効率アップで時間を有効活用できる

ザンギリでは、お客様により充実したサービスを提供していくために、技術、接客以外の仕事をなるべく簡素化して効率アップを行っています。それには、インターネット上で提供されている業務改善や効率化に役立つツールを多く活用しています。ペーパーレス化はもちろんですが、スタッフ間の情報共有、ケアレスミスなども改善できます。その役立つツールをどのように活用しているのかをご紹介いたします。

スタッフとの情報共有はGoogleドライブが便利

【店舗の使用例】

クラウド上でマニュアルや動画、チェックリストを共有することにより共同作業、家での作業や確認が可能になります。

Googleドライブでは、あらゆるデバイスですべてのファイルのバックアップやアクセスが安全に行えます。スタッフを簡単に招待して、ファイルやフォルダの閲覧、編集、コメント権限を付与できます。

Googleドライブのメリットとしては、次の点です。

- どこからでも安全にファイルを保存してファイルにアクセス
- 最近の重要なファイルにすばやくアクセス
- ファイルの名前とコンテンツでファイルを検索
- ファイルやフォルダの共有や権限の設定
- オフライン中に外出先でコンテンツを閲覧
- ファイルの重要なアクティビティに関する通知を受け取る
- マニュアルの確認共有、シフトの確認共有
- 無料で30ギガバイトまで使用できる（２０２１年7月30日現在）
- Googleのアプリ（スプレットシート、スライド）との相性がよい

〔図表45　クラウド管理〕

〔図表46　クラウドマニュアル〕

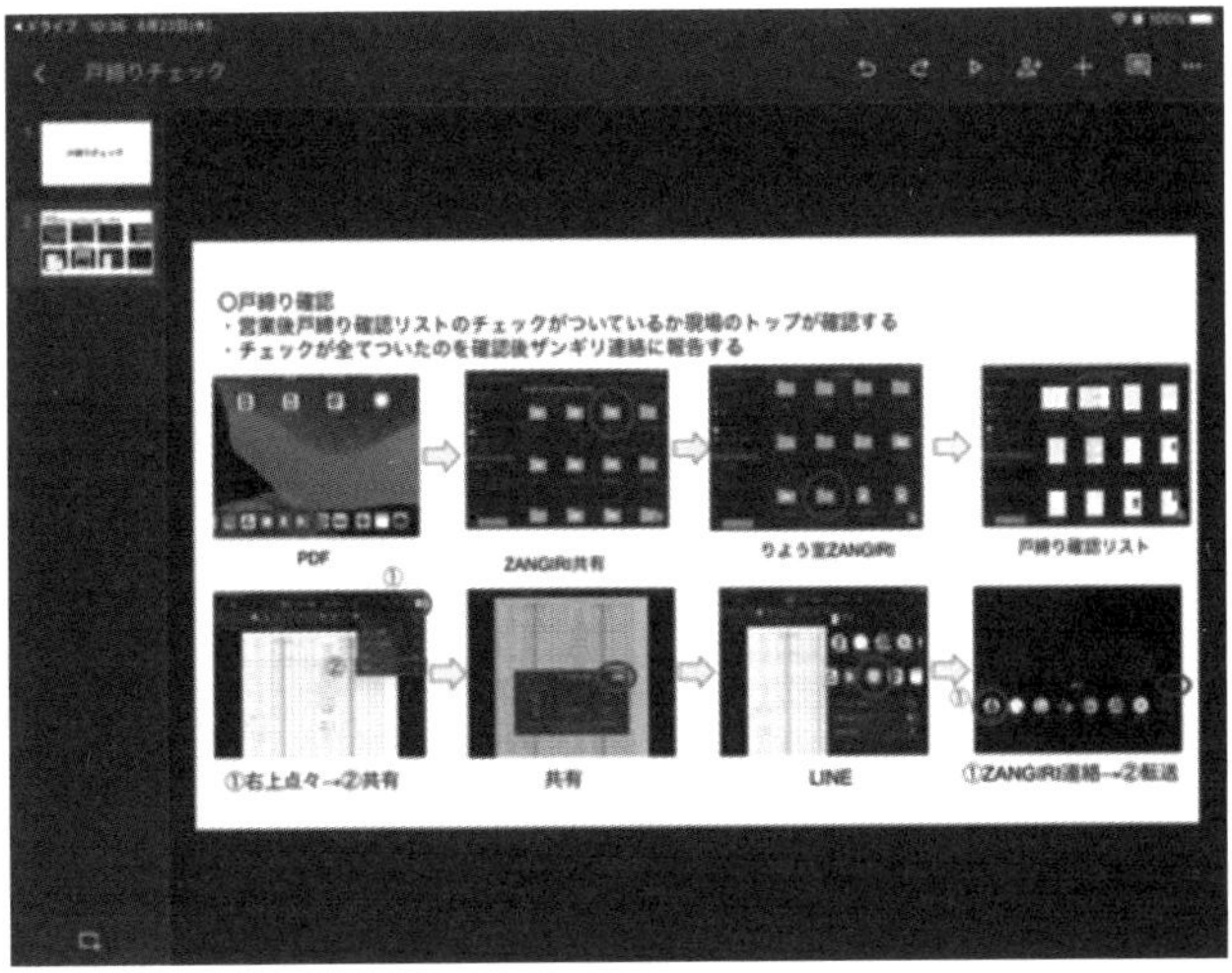

新しいプレゼンテーション資料を作成する際はGoogleスライドアプリが便利

【店舗の使用例】

絵と文字で店のマニュアルを管理できます。また、Web上にあるので共同作業も可能です。さらに、クラウド上にあるのでスタッフが忘れたときも検索してすぐに確認が可能です。

Googleスライドアプリを使用すると、iPod、iPhone、iPadからプレゼンテーションの作成や編集ができるほか、スタッフ同士、共同編集することもできます。Googleスライドでは次のことが可能です。

Googleスライドアプリのメリットとしては、次の点です。

- 新しいプレゼンテーションを作成したり、Web上や別の端末で作成したプレゼンテーションを編集したりできる
- スタッフ同士、プレゼンテーションを共有して、1つのプレゼンテーションで同時に作業できる
- インターネットに接続できなくても、いつでも作業を継続できる
- スライドの追加と並べ替え、テキストや図形の書式設定など、さまざまな機能を利用できる
- 端末から直接プレゼンテーションを開始できる
- 入力と同時に自動的に保存されるため、作業が失われる心配もない
- ビデオハングアウトにスライドを表示できる（予定されている会議が自動的に表示される）
- PowerPointファイルを表示、編集、保存できる

ザンギリではマニュアルを作成してスタッフの情報共有に活用しています。スタッフのスマホから即座に確認もでき、便利に活用できます。

練習会のテストの合否やチェックリスト兼教科書として便利な PDF expert

【店舗の使用例】

練習会のテストの合否やチェックリスト兼教科書として使用しています。合否、チェックは Apple pen で入力しています。

このファイルはドライブ上に置いてあるので、スタッフ1人ひとりが確認、管理できるようになっています。

店舗の戸締り、発注票も入力でき、みんなで共有して LINE で発注作業を行っています。

PDF expert では次のことができます。

・メール、Web ページ、または他のアプリから PDF を読み込むことができる
・全文検索、スクロール、拡大縮小などの機能を搭載している
・表示モードを「単一ページ」または「連続スクロール」から選択できる
・テキストの読み上げにも対応している

さらに、PDF の注釈付けもできます。

・マーカー、下線、取り消し線などのツールを使用して、ドキュメントの重要な情報を強調表示で

〔図表47　ペン型メモ〕

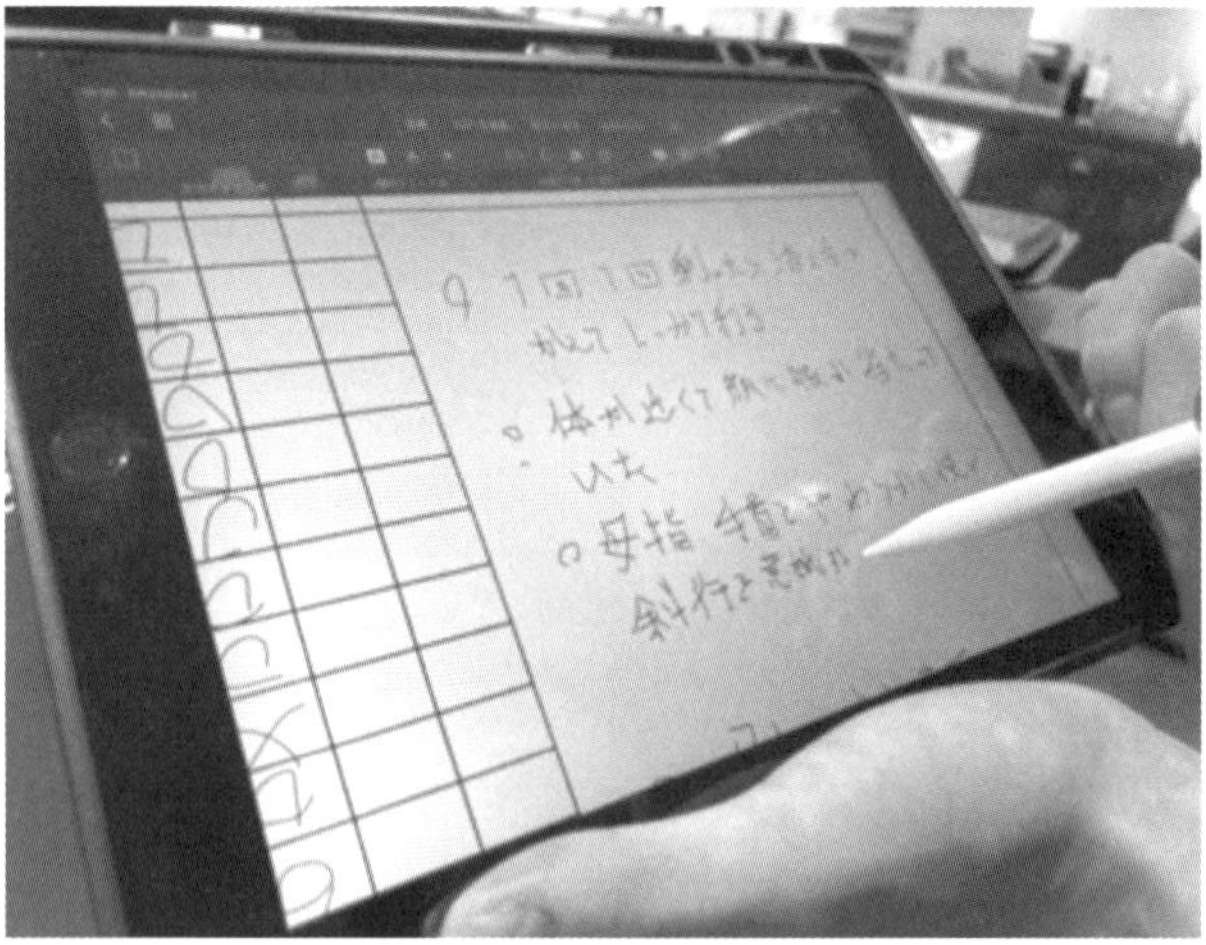

〔図表48　在庫管理〕

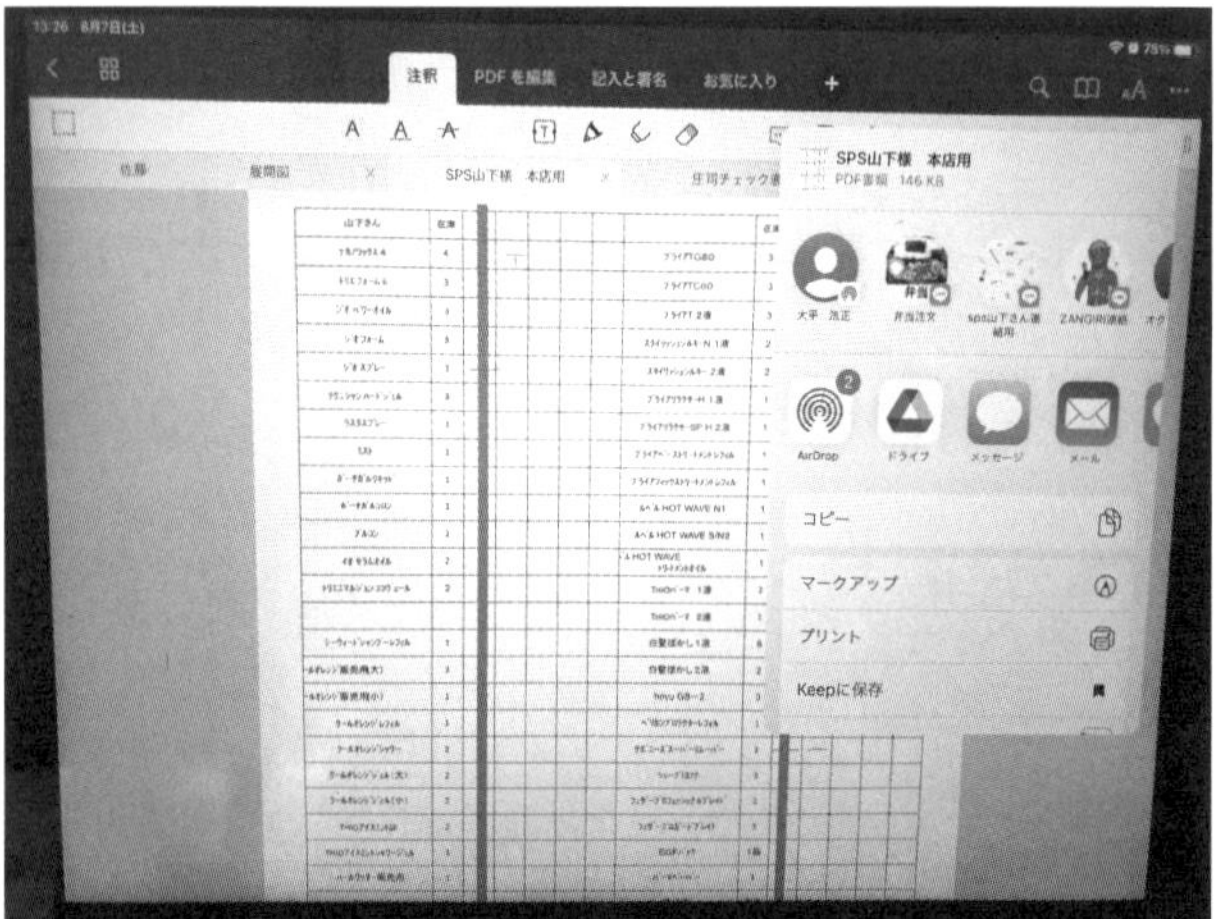

きる
・「承認済み」、「未承認」、「機密」などのスタンプを挿入できる
・矢印、円、長方形などの図形を使用できる

Apple Pencil や指での描画

・手書きのメモを作成したり、スキャンした書籍のテキストを強調表示したりするために、指または Apple Pencil を使用できる

クラウドでの作業

・Google ドライブクラウドと簡単に連携できます。クラウド上のドキュメントをダウンロードすることなく編集することができます。
・クラウドとの双方向同期を有効にすることで、１つのデバイスで始めた編集を別のデバイスで継続して行うことができます。

メモの書き込み

・付箋や描画ツールを使用してドキュメントにコメントを追加できます。

施術のテストのチェック表を Apple ペンにてチェックして合否を決めます。スプレッドシートアプリの Microsoft Excel を使用して、ファイルの作成、表示、編集、共有をすばやく簡単に行うことができます。この強力な仕事効率化アプリを使用して、メールメッセージに添付されたスプレッドシート、テーブル、ブックをスマートフォンで管理できます。

スプレッドシートを確認し、外出先でデータの分析を実行できます。強力な書式設定ツールや優れた機能を使用して、表やスプレッドシートを好みに合わせてカスタマイズできます。

Microsoft 365 サブスクリプションでサインインすると、フル機能の Microsoft Office を入手できます。Microsoft Excel をダウンロードして、テンプレートの作成、スプレッドシートの編集、グラフの編成、共有を簡単に行いましょう。

テーブルとスプレッドシート：作成、計算、分析を行う

・Excel の最新のテンプレートを使って、予算、タスクリスト、会計、財務分析をすばやく開始できます。
・使い慣れた数式を使用してグラフを作成し、データの計算や分析を実行できます。
・豊富な生産性向上機能と書式設定オプションにより、ブックの表示や使用がより簡単になります。
・［名刺］ビューを使用すると、スプレッドシートの表示と管理が簡単になります。

仕事効率化アプリ：どこでも校閲、編集、作業する

・Excel ファイルをどのデバイスからでも校閲できます。
・シートやデータの編集、タスクリストの更新をどこからでも行うことができます。
・列の並べ替えやフィルター処理などのスプレッドシート機能により、校閲に集中することができます。
・シートの作成、複製、表示/非表示を簡単に行うことができます。

〔図表49　共有スプレッドシート〕

授業日程

	A	B	C	D	E	F	G
1		2021/5/31			06/01		
2		月	担当		火	担当	
3				佐藤			佐藤
4	庄司			庄司			庄司
5	古舘			古舘			古舘
6	有田			有田			有田
7	衣斐			衣斐			衣斐
8		06/07			06/08		
9		月	担当		火	担当	
10	佐藤			佐藤	練習会	江口 衣斐	佐藤
11	庄司			庄司	練習会	佐久間	庄司
12	古舘			古舘	練習会	斉藤	古舘
13	有田			有田			有田
14	衣斐			衣斐			衣斐
15							

2021.8　2021.9　2021.7　2021.6　2021.5　2021.4　2021.3　2021.2　2021.1　2020.12　2020.11　2020.

データ分析

・一般的なチャートとグラフを使用してデータを分析します。

・グラフラベルの追加や編集などのスプレッドシート機能を使用すると、データの重要な分析情報を強調表示できます。

インクによる描画と注釈

・タッチ機能を備えたデバイスでは、Excelの[描画]タブの機能を使用して、メモの作成、ワークシートの強調表示、図形の作成、数式の作成を行うことができます。

Googleスプレッドシート

【店舗の使用例】

お店のチェックシート、月の予定などの作成作成データをpdfにエクスポートしてPDF expertで使用します。

そのデータをクラウドでのスタッフ同士の共同作業、確認にも使用できます。

無料のGoogleスプレッドシートアプリを使用すると、iPod、iPhone、iPadからスプレッドシートの作成や編集ができるほか、他のユーザーと共同編集することもできます。Googleスプレッドシートでは次のことが可能です。

・新しいスプレッドシートを作成したり、ウェブ上や別の端末で作成したスプレッドシートを編集したりできます。
・他のユーザーとスプレッドシートを共有して、1つのスプレッドシートで同時に作業できます。
・インターネットに接続できなくても、いつでも作業を継続できます
・セルの書式設定、データの入力と並べ替え、グラフの表示、数式の挿入、検索と置換など、さまざまな機能を利用できます。
・入力と同時に自動的に保存されるため、作業が失われる心配もありません。
・4桁のパスコードでスプレッドシートを保護できます。
・Excelファイルを閲覧、編集、保存できます。

簡単になった共有

・数回のタップでファイルを共有して、ブック内で直接、編集、閲覧、コメントの作成を行うことができるように、他のユーザーをすばやく招待します。
・ワークシートの内容を、そのままの書式でメールメッセージの本文にコピーしたり、その他の共

有オプションとして、ブックへのリンクを添付またはコピーしたりできます。

◇電子書籍で節約

お客様も嬉しいしお店は節約できて嬉しい

ザンギリではお客様のカット中、パーマやカラーのタイム中、終わってから休憩するお客様用に雑誌を用意しています。ビジネスマンがターゲットなので週刊誌、週刊漫画、新聞、男性ファッション誌、情報誌、漫画本など昔の理容室をイメージしてもらうと漫画本がいっぱいあるのを想像するのではないでしょうか。

ザンギリでも１週間に約10冊、月に５冊くらい買っています。値段にすると約１万円経費がかかっています。年間12万円です。必要ですが時代はペーパーレス。１週間したらその雑誌は捨ててしまいます。もったいないですしエコではないですよね。決して雑誌を否定しているわけではないのですが紙がもったいないないですよね。

そして買いに行く手間もありますね。毎週何曜日にこの雑誌を買ってなど、多ければ大変です。また合併号や年末年始など発売が不規則になって先週と同じのを買ってきたということもありました。雑誌の間にも毛が挟まってしまいやすくコロナ禍の今はタブレットならさっと拭けるので衛生面もいいですね。

〔図表50　電子書籍〕

Y!mobile
9:52
42%
一覧
ッション誌
男性ファッション誌
スポーツ・
MEN'S CLUB
お家スナップ
GO OUT
家と車。
Lightning
Safari
知れば知るほど、シャツってすごい!
MEN'S EX
大人のための
Begin
正しく服を選べる人になりたい
2nd
ホーム
さがす
設定

この値段でここまでの情報量はすごい

そこで今は電子書籍を扱うようにしました。いろいろな会社が電子書籍を出していますが、やってみてびっくりしました。本当に雑誌の数が多いです。多過ぎですね。

漫画も数万冊ありますし、ファッション誌、情報誌は毎月最新ですし、趣味や旅行の内容もすごく充実しています。お客様と会話の中で今度どこどこに旅行に行くお話をすればそれを見せてオススメの店やスポットなどを教えることもできますし、会話の話題に花も咲きます。

しかも値段も1台数百円というので驚きです。コストを低く抑えられて内容も豊富です。しかも環境に優しいので使わないわけには行きません。中には無料のもあります。多少会社によって価格は異なりますが、とてもお得で、便利なツールの1つです。

◇毎月のキャンペーンでお客様を飽きさせない

キャンペーンはきっかけづくり

ザンギリは毎月キャンペーンをしています。カラーリング、パーマとかではなくトッピングメニュー500円～1500円くらいのものです。キャンペーンには、一般的に値下げというイメージがありますが、本来は告知という意味です。

店のことをよく知っていただくために宣伝をしてそれを特別価格にするということです。新しくメニューをつくるのではなく、今ある既存のメニューを知っていただくきっかけをつくるためです。

もちろん新しいメニューができたときも行います。

あるとき顔のマッサージのメニューのキャンペーンをしたときに、実際話をしているだけではイメージできないというお客様からの声を聞きました。

そこで動画で説明することを考えました。ただ動画を流すだけでは面白くないと考え、パロディーが入った動画になりました。

もうかれこれ8年くらいしています。お客様も毎月楽しみにしていただいています。中にはよくやるね！　大変だね！　久しぶりに受けた！　などと言っていただける方が多くなり、実際メニュー内容が云々というよりは、スタッフの努力賞的なことで試していただけるお客様が増えています。

当然、悪いメニューはすすめませんが、押し売りにならずにオススメしています。もちろんキャンペーンの内容が気に入ったお客様は毎回そのメニューもオーダーしていただけるようになります。

理容室は毎月やることはほぼ同じですし、同じでいいと思います。そこに少し毎回の変化があれば飽きずにコミュニケーションが取れます。そのためにキャンペーンは非常によい機会となります。

季節に合わせて夏は涼しくなるようなメニュー、冬は乾燥対策のメニューなどいろいろとお客様のためになる内容にしています。

〔図表51　キャンペーンＰＯＰ〕

キャンペーンは技術アップにもつながる

ある中華屋さんのお話ですが、毎月キャンペーンメニューがあり、その月の看板メニューを決めたらそれをコックさん達は練習するそうです。そしていざキャンペーンが始まればそのメニューが沢山注文されるので練習した料理をつくれます。

そして毎日つくることで経験値も上がりますので、このコックさんも腕がさらに上達するそうです。確かにスタッフは経験を積むこともできますので一石二鳥です。

ザンギリでも、キャンペーンは主に若手スタッフの成長に合わせて決めていきます。

新人のスタッフがマッサージを覚えたらそのスタッフを主役にして行います。もちろんそのスタッフも練習に身が入りますし、先程の中華屋さんのように沢山やることで技術も上達します。

そして何よりお客様に覚えてもらえることも大切です。しっかりとうちの新人のスタッフです！　と常連様に伝え

〔図表52　明るい所には人は集まる〕

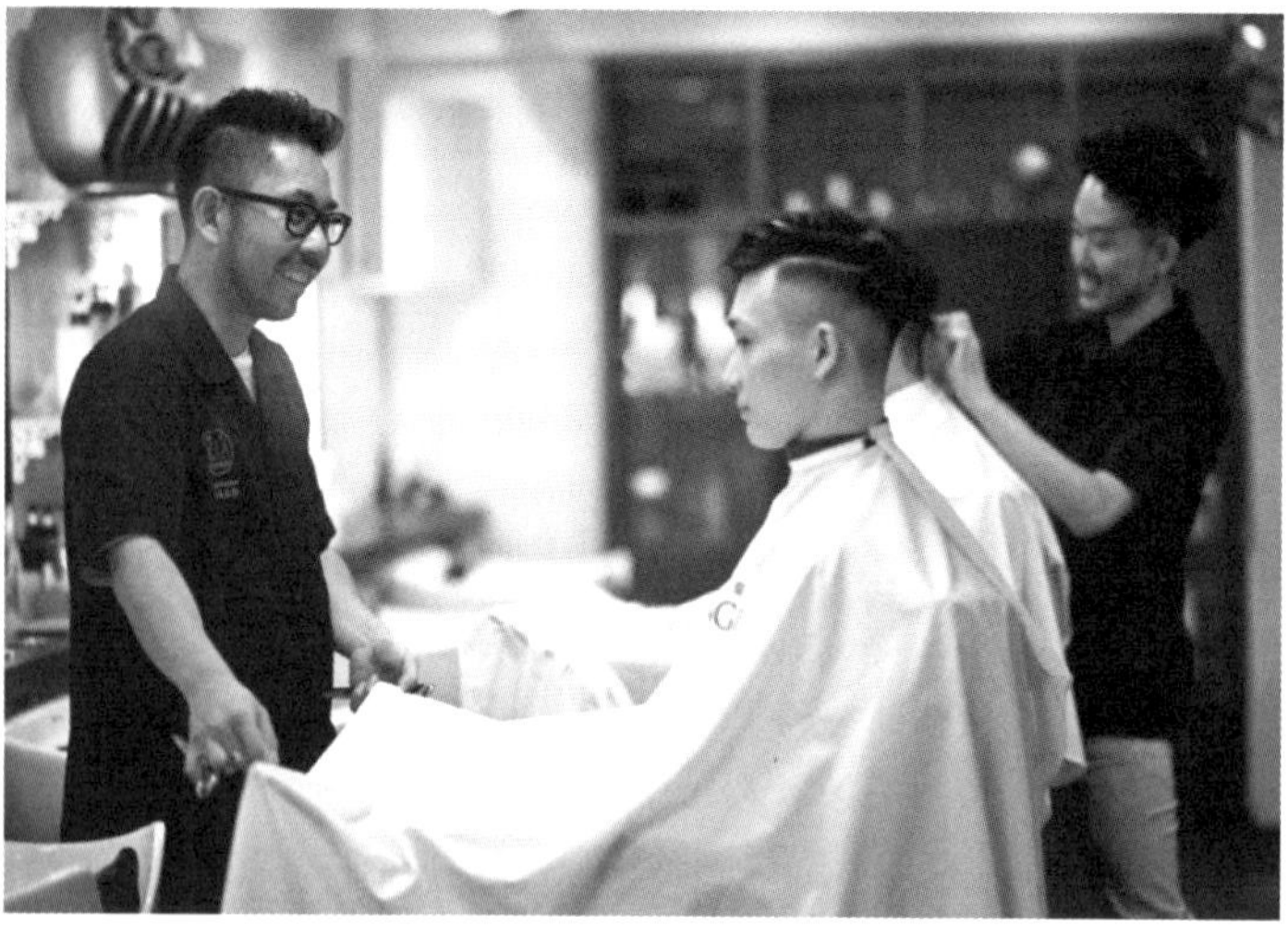

れば応援もされますし、上手になれば素直に褒めてもくれます。

経験の数を多くすることはとても重要です。

人間誰でも好きなことをやってそれが仕事になればいいと思います。それはなぜできないのでしょうか?

自分の価値観を見つけてそれに共感する人をファンにすれば楽しく仕事ができますよね。人から言われたからや昔からやっているから、とイヤイヤしていればいずれ辛くなり自分自身が壊れてきます。

周りに合わせるのではなく、時間を忘れて没頭することを見つけられれば最高の人生になりますね。

趣味なのか仕事なのか、楽しんでいる人たちをご紹介します。

第5章

好きなことを仕事に

◇業界のやり方に逆行してみる

みんなと同じよりも違うほうがオリジナリティーが出る

今まで多くの取り組みをして必ずしも成功したものばかりではありません。どちらかと言えば、費用や労力をかけた割には、あまり成果が出なかったことのほうが多いです。その中で比較的成果があがったことは、誰もやってないこと、みんながやっていることの逆をすることで成功確率が高まるということを感じています。

私たちの業界にも、低料金でカットのみのサービスを提供する店がかなり増えました。これも一般的な理容室と逆のことをして成功しています。私たち一般の理容室は、少しでも付加価値を付けようとして、客様を接客、おもてなしをする形態でしたが、低料金の店は食券と同じ券売機でチケットを買い、希望のヘアスタイルだけ言って、あとはカットをしてバキュームで吸い10分で仕上げるスタイルです。この形態は誕生当時は革命的でしたが、今となっては普通になってきました。

私たちプロの立場から見れば批判したくなる部分は多いのですが、店自体は繁盛しています。価格を業界平均より極端に下げ、必要以上のサービスをしない。しかも時間をかけない、髪を切るだけというサービスは、今までの想像を超えるものでした。

対照的でも必要とされればＯＫ

それとは対照的にザンギリでは、出世するビジネスマンをターゲットにビジネスマンが喜びそうなことを徹底しています。充電サービス、スリッパ提供、予約を取らない、常連様をないがしろにしないで極力ひいきする。毎月同じではなくいろいろなイベントを開催する。値段も平均より高くする。靴屋さんなどとコラボする、など。そうしたユニークな付加価値を売りにしています。

みんな同じでは消費者の印象に残りませんし、店の前を素通りで終わってしまいます。周りを見て合わせるのではなく何が必要かを徹底すると楽しくなってきます。しかも、自分がやっていてストレスにならないことがよいと思っています。イヤイヤはお客様に絶対伝わりますから。

◇お客様との感動エピソード

お客様エピソード１／髪の毛の寄付で・・・armsHAIR　佐藤　勉オーナー（東京都文京区）

ヘアドネーション賛同店として始めたばかりのことでした。

ちなみにヘアドネーションとは、小児がんや先天性の脱毛症、不慮の事故などで頭髪を失った子どものために、寄付された髪の毛でウィッグをつくり無償で提供する活動のことを言います。

私（「佐藤オーナー」のこと）「随分伸ばされたんですね」

ドナー「ええ…約５年ほど…今日を待ち望んでいたのです。私にとっても区切りになる日です」

私　「え？　伺ってよろしいですか？」
ドナー　「実は5年前に癌を患ってドクターから〝5年間再発しなければとりあえず完治というか癌からは卒業です〟と言われて、その日から髪を伸ばして私のように癌で苦しんでいる子供達に少しでも協力できればと思って伸ばし続けヘアドネーションしようと…。そして私も癌から卒業の証にしようと…それが今日なんです」
私　「あ、そうだったんですか…。いろんな思いが詰まった髪なんですね…」

ヘアドネーション活動の当初は、「今時超ロングの人なんかいるか？」などと半信半疑で軽い気持ちで始めたのですが、今日まで150名以上の方々にご協力いただき、お一方お一方にそれぞれの思い入れがあることを知りました。

これからもヘアドネーション賛同店を続けて参りますが、ドナーとレシピエント（ドナーから提供される人）の間に立つ身として責任を感じ任務を果たして参りたいと思っています。

お客様エピソード2／有名な画伯だった!!

あるときイキがいい伯父様風な人が店に入ってきた。「とにかくお任せでフルコースお願いします！」と。いろいろとご本人のことをお聞きすると、出張で近くのホテルに泊まり、散歩がてら周辺を歩いていたら弊店の怪しい看板を見て入って来られたそうです。クリスマスの時期なのでザンギリもサンタ、トナカイのコスプレをしていました。

〔図表53　画伯〕

それも驚いたそうですが、技術の素晴らしさ、店の雰囲気にとても感動したようでした。帰り際に夜に予定空いていたら絵を描いてあげる！と言われました。連絡先を渡し帰られましたが、たまたま予定が何もなかったので恐る恐る行くことにしました。今日はとても嬉しかったよ！と上品な和服に着替えられて肖像画をもの凄い勢いで描いていただきました。

その方は滅多に男性の肖像画を描かないらしく日本人男性だと有名な俳優さん、有名な元スポーツ選手だけで私が３人目だそうです（笑）。その画家のお名前は松井守男さんという方で、今はフランスのコルシカ島に住んでいます。

日本には作品展などで、たまに来るそうで、そのときたまたまザンギリにご来店いただきました。運命ですね。フランスでも多くの名誉ある賞を受賞されているようで、あのピカソにも若い頃に会ったお話などもお聞きしました。そんな方に絵を描いていただけたなんて光栄です。何枚かは作品展に出すということで1枚サインを入れていただけました。

今は店の目立つところに飾ってあります。それからは出張で来られるたびに「疲れをとりにきたよ！」とご来店されます。

私たちは、お客様は誰でも全力でサービスいたします。そうした日々の中でいろいろな出会いがあるのだな～と不思議な体験と仕事の誇らしさも改めて感じました。

◇母から学ぶ最高のえこひいき

母親は計算なしにお客様を大切にしている

私の母親は今もなお現役バリバリに仕事をしていてとても常連様から愛されています。いわゆるお節介お母さんです。ご来店されるお客様全員の接客をしています。汗をかいてきた人がいれば冷たいタオル！　冷たいお茶!!　をすぐに持っていきます。そこまでやるの？　と思うくらいやっています。

気遣いが半端ないです。スタッフもそれを見習っています。還暦になるお客様には赤いパンツをプレゼントしたり、極め付けはお見合いの話をもっていき結婚までしたお客様もいます。凄いとしか言いようがないです。

そのほか、お客様から「奥さん食べて！」と母への差し入れも多いです！　小さい頃から見ていたので当たり前だと思っていましたが、一緒に働いてみて当たり前ではないことを実感しました。これが究極の接客だと思っています。

おせっかいは最高の嬉しい

お節介は身内だと鬱陶しいかもしれませんが、お客様からすれば、そこまで気を遣ってもらえるなんて！　と嬉しいですね。母親は戦略とか戦術とかは全く考えていません。ただお客様が喜んでもらえることだけをひたすらやっているだけです。

これが本質です。戦略、戦術など考えるのも大事ですが、この部分が抜けると本末転倒になります。そこはとても勉強になります。まずはお客様を大切に思う気持ちがあることが重要なポイントです。

◇失敗を失敗と思わないことが大事

更なる価値を提供する

就活生に髪を切ってすぐに就活用の写真を撮ってあげたら喜ぶのではないか！　というアドバイスをもらい、なるほどと思い、早速一眼レフカメラ、照明器具、パソコン編集ソフトなどを購入しました。その結果、50万円くらいの費用がかかりましたが、将来への投資だと思い、そのときの勢いで購入しました。就活生だけでなくビジネスマンにも社員証やパスポート用にいろいろ使えるのではないかと思いました。

初めは常連様に試しで撮ってデータを差し上げたりして試行錯誤しました。お客様からの反応も凄くよかったです。これはいけると思い、チラシをつくったり宣伝をしたりました。が、結果は撮影を依頼してくる人は1か月2人くらいでした。それに、いざ撮影となると準備が大変で、機材を組み立てたりしなければならず、しかも私しかできなかったので手が開かなかったりして、いろいろ大変なことが多くなって結局は採算も合わず、失敗に終わりました。

1つのことにこだわらず頭を柔らかく考える

しかし、この高価な機材をどうしようか考えました。せっかくいいカメラもあるのでスタッフのプロフィール写真でも撮ることにしました。やはり画質がよくいい写真が撮れます。

これをホームページ用写真に使うことにしました。

それから楽しみながら写真をみんなで撮っているうちに、自分たちの店の髪型のカタログをつくることにしました。それを続けているうちに、その作品が溜まり、雑誌社に営業もかけました。その結果、いろいろな雑誌に掲載されることになりました。お陰で、スタッフ達もモチベーションが上がりました。

〔図表54　撮影会〕

また、一般雑誌なのでそれを見てくるお客様も多くいました。このことがきっかけで、ザンギリでは月１回全員で撮影会をしています。それを写真のコンテストにも出しています。

毎年優勝、入賞もするようになり、「クールビズヘア」ということでは環境省から表彰されました。

実際、ここまでなるとは思いませんでしたが、はじめダメだったものをダメで終わらせるか、何かやり方があるのではないかと考えるかで、結果は大きな差となって現れます。何事も前向きに考え、行動することが重要です。このことをきっかけに、「どうしよう、どうしよう」ではなく「どうしたらできるか！」を常に意識して行動するようになりました。

「成功の要諦は、成功するまで続けることにある」と経営の神様と言われた、松下幸之助さんの言葉ですが、まさしく、失敗を失敗と思うのか、その失敗を改善し、できるまでやり続けるか、そこが運命の境目ですね。

◇子供の安全基地は家、大人の安全基地は？

自分が安心できる場所を見つけるために

人間誰でも安全、安心の場所は必要です。魚も大きい魚に食べられないように砂と同じ色に身の色を変えて隠れたり、進化しながら天敵から身を守っています。子供の安全基地は家なのです。外で遊んで楽しいことももちろんですが、友達と喧嘩したり、泣いたりしても家に帰ってきたら家族がいる。お母さんがご飯をつくってくれる。お父さんとお風呂に入る、戦いごっこをする、おじいちゃん、おばあちゃんがお小遣いをくれる（笑）など、家に帰ると安心できます。

例えば、夫婦が喧嘩ばかりとか遊びに行って家にいないなどしていると子供も安全基地がなくなり非行にはしったり、心が寂しくなっていく傾向があります。

安全基地は自分自身

では、大人の安全基地はどこなのでしょうか？　ザンギリスタッフに聞いたときはトイレという声もありました。確かに安全ですが・・・。大人の安全基地はスキルアップです。常に勉強をしていくということです。

例えば、戦争に裸で歩いていたら一発で銃で撃ち殺されてしまうでしょう。防護服を身に付けて装備も完璧、燃料も満タンにして戦車に乗って行けば、そんな早々とはやられないですよね。やはり社会で生き抜くには知識を身に付けなければならないということです。

私も技術者になってから大学に入り卒業しました。観相学の資格も取りました。常に知識を入れるようにしています。スキルアップとは自信です。自慢しろというわけではなく、学ぶことは自信につながり、それが仕事で役に立ち心のゆとりが生まれます。時間が経つにつれて心に穴が開くと思っていたほうがいいですね。その穴を知識で埋めれば、その豊かさがまた生まれるということです。これからの時代、ＡＩで仕事がなくなる業種も増えます。人間にしかできない知識を入れておくことが重要です。

◇面白い取り組みをしているお店の紹介

理美容室では他にもお客様から愛され多く繁盛されているところは多々あります。私の友人にも面白い取り組みをしているお店があるので、いくつかご紹介します。

●プロサッカーチームとコラボで繁盛　SOL HAIR　小林　雄太オーナー（千葉県柏市）

やっぱり価値観が同じだとよい仲間が増える

小林オーナーは柏で生まれ育ち、ちょうど中学生になった頃にＪリーグが始まってサッカーへの人気が高まりました。それを観て、将来地元の柏レイソルと関わる仕事をしたいと夢を見ていたそうです。その後、理容師の道に進み柏レイソルの選手の髪を切りたいと考えていたそうです。そのためにまず技術をつけるため勉強し、日本チャンピオン、世界チャンピオンにまでなりました。そして柏で理容室を開業し、店の中も柏レイソル一色にして仕事しているうちに、お客様の紹介から柏レイソル関係者が来て、そして選手たちも切りに来てくれることになりました。

最近はファン感謝デーにも呼ばれ、サポーターの前で選手の髪を切るライブまでやりました。それを見たファンが全国からわざわざ柏まで髪を切りに来てもらっているそうです。

そこに来るお客様は、柏レイソルの関係者はもちろんサッカー好きの人まで集まっています。自分の楽しいことが仕事になりみんなを笑顔にしています。これもザンギリのビジネスマンをターゲットに設定しているのと同じように柏レイソル好きと設定し、選手のサイン入り、ユニフォーム、スパイクなどを飾ったりして一貫性のある店内にしています。選手と同じスポーティーな髪型の提案をし、共感して集まる仕組みができています。選手が来ているところで髪が切れると思うと子供でしたらテンションが上がりますよね。もちろん、毎日楽しそうに仕事をしているオーナーの人柄に集まって来ていることは間違いないでしょう。スタッフも毎年増えサッカーの試合があればみんなで応援しに行くそうです。必ず同じ趣味や特技、価値観が合う人がいます。それをしっかり発信して楽しみながら仕事にすることはずっと長く続けられますね。人口が多少ない、場所が悪いなど関係なしに多くのお客様がご来店されること間違いなしですね。

〔図表55　SOL HAIR〕

●昔からあるパンチパーマを復興させ繁盛　Hair Salon NOBU　延　陽介オーナー（東京都葛飾区）

ニッチな市場にするとファンが拡大する

ここのオーナー延さんは今「濡れパン」という髪型を流行らせ、言葉は悪いですが、あまりいい立地ではない葛飾区で、全国から多くのお客様が集まっています。

濡れパンとはどういうものかというと、パンチパーマをイメージしてください。あのコテで巻いてパーマをかけるものです。パンチパーマになるわけでなく、髪の毛が流れる程度のパーマにジェルをつけて濡れた感じのパーマヘアのことです。

もともと日本人は硬くて直毛の髪が多く、短くすると髪が全部立って扱いにくい髪質なのです。そこで家でお手入れできるようにパーマができたわけです。そんなお客様を見て、今までのパーマをアレンジして現代っぽくしたのが濡れパンです。

この濡れパンを流行らすために3つのことに絞ってやったそうです。1つ目はネーミング、多分みんなパンチパーマと聞くと引きますよね。やりたくないって・・・。そこで何か知らないけど脳裏に残る名前にしました。

2つ目に今は当たり前のインスタグラム。その当時はやっている人がまだ少なかったので、みんな見てくれたのと画像が入ってくるので認識してもらいやすかったそうです。

そして3つ目、これが1番の決め手で、濡れパンに似合うジャンルに絞り（お祭り、神輿をやる

〔図表56　濡れパン〕

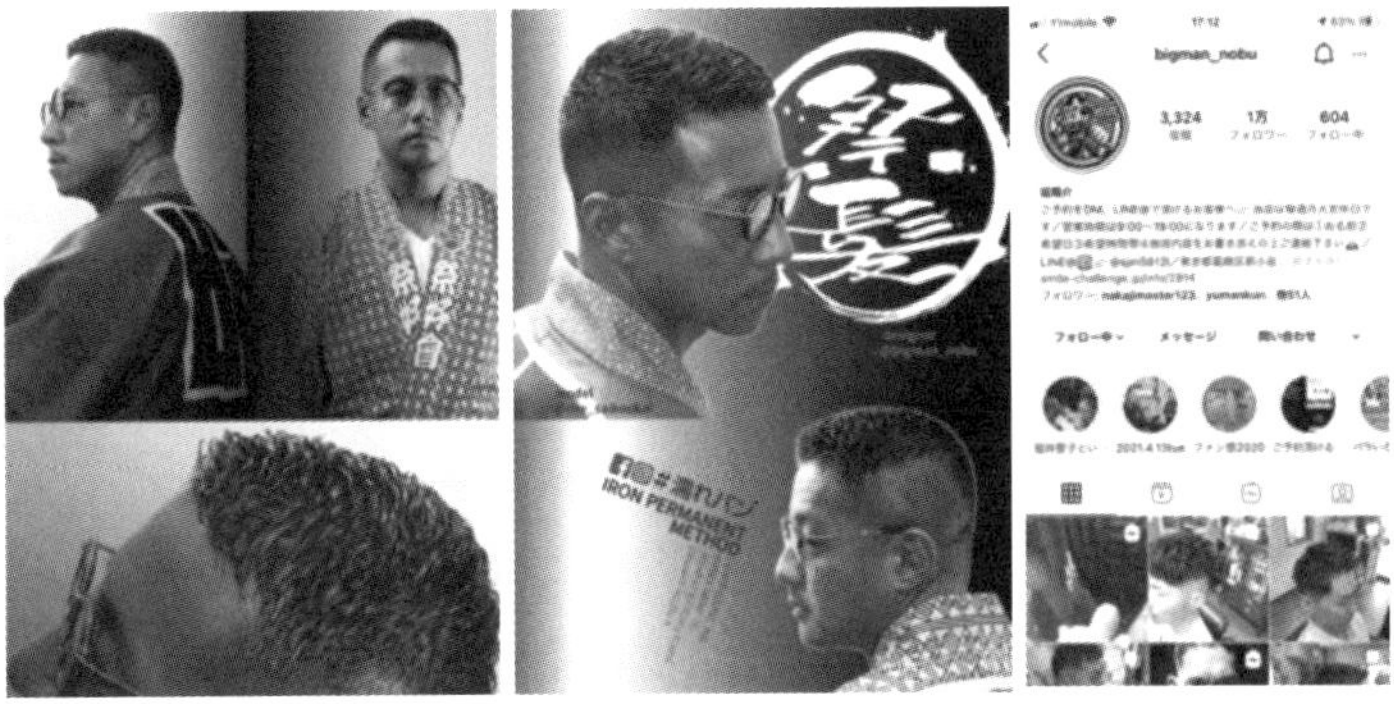

人）、そのジャンルで最も影響力のある人をポスターなどのモデルとして使用したそうです。その髪型どこでやっているの？　と瞬く間に広がり、メディアからどんどん取材が来て、全国からその髪型を求めてくる人が後を絶たず大繁盛しています。もちろん全国の理容室でもお客様から濡れパンとオーダーが入る声をよく聞くようになりました。

実際ザンギリでも濡れパンのオーダーは多くなりました。業界全体を盛り上げてくれるまでになっています。

今の時代はこの業界では若手不足の人材難ですが、この技術を学びたいので弟子入りしたいという若者までこのお店に来ています。理容師になりたいという高校生も相談に訪れるみたいです。すごい影響力です。

ただ漠然と流行りそうだからとかではなく、自分の得意の技術をアレンジし、誰に向けて発信するのかを戦略的にしっかりされていますね。

今では約３か月先まで予約が取れないと聞きます。一番はそれが好きかですけど。

●洋服を仕立ててくれる理髪店　MARE　山口洋オーナー（東京都文京区）

コラボを上手にしてお客様をよりファンにしている

山口オーナーの店では髪を切る他に洋服のオーダースーツを仕立ててくれます。そのほか、オーダーシャツの仕立て、洋服のお直しができます。試着室を設けて専門のスタッフが常駐しています。

ここの理容室のターゲットは、外見をかっこよくしたい男性です。髪型など身だしなみはもちろんですが、トータルコーディネートで提案するということです。

例えば、洋服だけを買いに行って定員さんにしつこくいろいろ聞かれると、もっとゆっくり見せてよ！　と一度は経験している人は多いと思います。もともと山口オーナーはファッションが好きで、私もいつかはコラボして仕事をご一緒したいと思っています。

理容室では、お客様と一対一で約1時間お話しします。しかも毎月来られる常連様が多数です。常連様が多いということは、それだけ店のこととオーナーのことが好きなので来ていただけます。

そこで洋服のお話、身だしなみの大切さのお話しなどをしているうちにオーダーが入ると言います。もともとターゲットも外見をカッコよく！　なので、自然とそういう方が集まりますね。店内もモダンでスタッフたちはスーツを着て営業しています。ここでも一貫性のあるものができています。自分だけのオリジナルというのはとても嬉しいですね。アフターサービスなどもしっかりしていて10年お直し無料など、お客様のことをよく考えています。今ではスタッフにも落とし込みし、

〔図表57　洋服ＭＡＲＥ〕

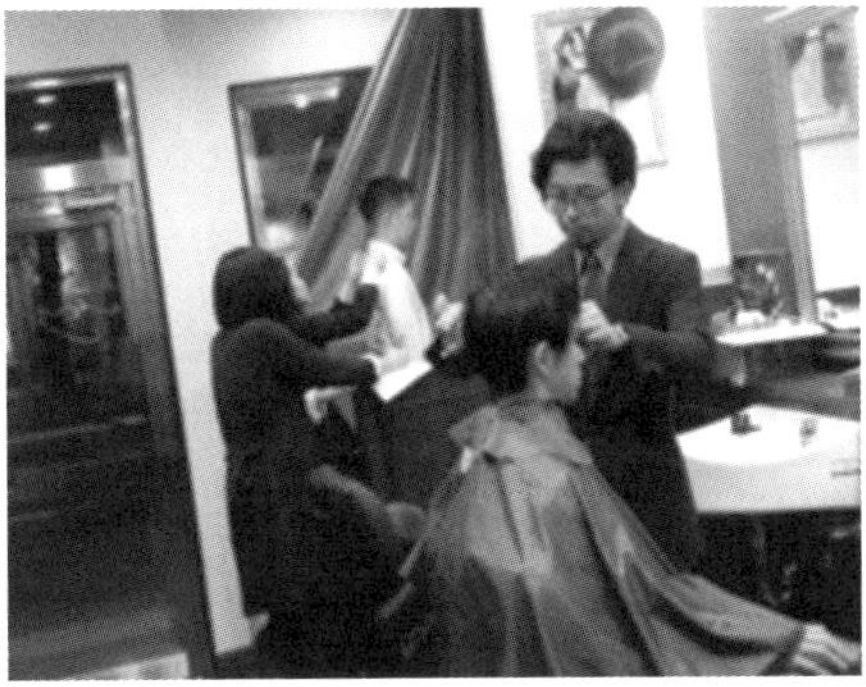

採寸などができるように指導しています。これからは多動力が大事とある有名な実業家も言っていますが、軸がある理容室に付加価値をつけることで人を喜ばすことができます。こうして連日満員の店になっています。

〈お客様との感動エピソ～ド〉

◇母親の病気を治してくれた

一生懸命していると沢山の人が助けてくれる

私は髪を切る職業に就いて20年になります。さまざまな職業の方やさまざまな年齢層の方、とにかく年間１万人の人と出会います。その中で多くの感動シーンもあります。

例えば、結婚式の髪のスタイリング、常連様がセットをして欲しいということなのでお台場の結婚式場に朝５時くらいに行ったことがありました。もちろんとても喜んでいただき、今もなおご来店いただいています。その方は整形外科のお医者さんです。

あるとき母親の腰が痛くて動けなくなりました。そんな話を何気なく会話の中で話していたら、そのお客様が母親を見てくれるということになり、お願いしました。

そのお医者さんは全国から手術して欲しいという患者が多数いて、予約も取れないほどです。しかしながら、母親は特別扱いしてもらいすぐ手術して治ることができました。

今でも髪を切りにくるたびに診察してもらっています。ここが理容室か病院かわからなくなるときがあります（笑）。そのように常連様との関わりはとてもありがたい関係になります。

常に与えてもらうのではなく、与え続ける気持ちがこのような結果になったと思います。人から喜ばれることをし続ける気持ちに改めてなりました。

◇時代を読むことがアフターコロナに勝てる

できない理由ではなくどうしたらできるかを考える

２０２０年、誰もが経験したことがないコロナウイルスの影響が世界を恐怖に落とし込みました。私たちの業界ももちろん大打撃になり、それが今も続いています。数々のイベント、コンテストが中止になり、やる気、達成感が失われつつあります。若手は技術を競う場所がなくなりモチベーションも下がってきます。

そこで、２０２０年６月８日に私が主催したオンラインでのコンテスト、その名も「第一回ザン

〔図表58　オンラインコンテスト〕

ギリカップ」を開催しました。初めての試みなので不手際は承知でしたが、若手の活躍する場を考えてやることにしました

私のスタッフだけではなく全国の仲間たちに声をかけて若手を集めてもらい、山形県、茨城県などからも参加してくれました。

審査員として全国チャンピオンの仲間たちに協力してもらい、自分の店で作品をつくってそれを撮影し画像の中で審査をする形です。

本来はどこかの会場に来てもらい一斉に競技を開始してそれを審査委員に見てもらうものでした。今回はすべてオンライン上で行い、それをYouTubeでライブ配信して誰でも見られるようにしました。

また、本来は業界内の人だけしか見られなかったのを一般の人、お客様にも見ていただくことができます。

普段のスタッフの頑張りを見ていただくことは店にとってもすごく価値のあるものだと思っています。コメントも多く来ました。いつもと違う一面が見られた！　すごく練習しているんだね！など、中には寄付までしてくれた人までいました。とても嬉しいことですね。

双方が喜ぶことを考える

競技後の審査も全国チャンピオンの方から直接アドバイスも貰える時間を設けました。地方の人

だとなかなか東京に来てできないことをオンライン上ではできます。
選手はすごく感動していました。今回のオンラインコンテストは業界初の試みでしたので記事にもなりました。
出典：http://ribiyo-news.jp/?p=29129
今後は密を考えていく時代の先駆けになりました。時代の変化に対処していきながら、周りの人がどう喜ぶかを考えた結果でした。理美容学生の人も多く見ていて学校の先生からも是非次は学生を参加させたいと嬉しいお言葉もいただいています。コロナがではなくウィズコロナ！　どうしたらできるかを考えていくことが大事ですね。

◇付加価値がつけられるか

付加価値で周りとの差をつける

理容室のいいところは付加価値がつけられるということです。付加価値とはある商品やサービスなどに付け加えられた、他にはない独自の価値のことです。理容室ではほとんどの店はカット、シャンプー、顔そりをします。

それに付け加えて店独自の色を出して行きます。他の店の成功事例でも紹介しましたが、ほぼ同じ店はないということです。みんな同じでしたら人間誰でも安いほうを選びますよね。

付加価値をしすぎて自分の首を絞めても元もこもない

例えば八百屋さんや魚屋さんなどは付加価値をつけにくい業界です。魚を仕入れてそれを売る、もちろん旬の魚とかはありますが、付加価値をつけておまけをいっぱい付ければ、それはもはやただであげているのと同じで利益は減ってしまいます。

魚屋さんの中で定食屋さんなどしていたりしたら、それは付加価値になりますが、なかなか付加価値ができにくいですね。本屋さんや家電量販店なども品数の多さでしかなかなか付加価値を付けられません。

そいう意味では理容室は付加価値が付けやすいし、自由にできますのでオリジナルを出せます。もちろん付加価値を多く付けるのもいいですが、それに合う値段設定もしていかないと時間も費用もかかり、体ばかり疲れてしまいます。

しっかり価値を伝えて料金も貰わなければなりません。お客様が喜ぶ働き方もゆとりを持って仕事をするのが今の時代は大切になってきます。

◇実は髪を切ることは幸福感アップにつながる

コミュニケーションはお互いの心のケアになる

理論上、髪を切りに行くことは、実は幸福感が得られることなのです。人間にはいろいろなホルモン分泌がされています。中でも快楽ホルモンと言われるドーパミンは一般的によく聞く名前ですが、今後大事なのがオキシトシンというホルモンです。別名愛情ホルモンと言います。

毎日多くのストレス、毎日多くのニュース、考えれば考えるほど嫌になる世の中です。コロナになり今後自殺者も増えることでしょう。これらのストレスは脳疲労から来ています。

このオキシトシンの身体への効果は、血圧の安定、心臓機能アップ、治癒力のアップです。心への効果としてはストレス減少、幸福感アップ、社交性アップです。

ではどうしたらこのオキシトシンが出るのか、簡単な方法としては

・ハグやスキンシップ（手を繋ぐ、ハイタッチ、握手、見つめ合う）
・心を許せる人との交流（合わなくても電話なども）
・相手を思いやる
・感動する（映画、ドラマ、動物）
・マッサージをする（される人もする人にも効果）

人と接することは形は変わっても必要

コロナになり、人とのスキンシップや直接会っての交流は難しくなりましたが、オンラインで飲み会、打ち合わせ、できることも多くなっています。映画などは映画見放題など低料金で見られるので、これもやりやすいですね。動物なども SNS 検索などすれば簡単に可愛い画像が見られます。

マッサージもとても効果があります。

ザンギリも脳疲労を回復するメニューがあります。もちろん気持ちよいと感じていただけます。ただ、それだけではなく、頭蓋骨などのズレを治しながら心のケアもする和手技（わしゅぎ）という理論をもとにしていますので、相手を思いやる気持ちを込めてやりますので、やっている側も幸福感が出ます。

髪を切りに行くということは、このすべてが備わっているということです。髪を切ることが嫌な人はいないと思います。切り終わったらきれいになりますし、一番は「あ～さっぱりした～」という気分になります。スタッフともコミュニケーションもとれますし、好きな趣味の話などで盛り上がりもします。

これこそが最高の愛情ホルモン分泌です。やはり人と人が支え合うことが大事です。コロナ禍で接触ができなくなってきている今、できる限り前向きに考えなくてはなりません。その1つとして理容室があることはとても価値のあることだと思っています。

ここで私の知人である山口オーナーからお聞きした話を紹介します。

●登校拒否の学生が…　WEED　山口　淳オーナー（東京都豊島区）

ある50代男性の常連客のS様、この方には中学生のお嬢様がいて、いじめが原因で不登校、引きこもっていることは以前から聞いていた。

ある日、そのS様からこんなことを言われた。

「あのさ、娘が伸びきった髪をバッサリ切ろうかと言い始めたんだ。山口さん、切ってやってくれるかい？」

誰かの役に立ちたいとは常に考えていたので、お手伝いしたいと思い喜んで引き受けた。

数日後、S様とともにご来店くださったお嬢様。相当な期間伸ばし放題だったと思われる長さ。引きこもり生活を送っていたせいか、表情は暗い。眼も合わせてもらえない。簡単なやりとりから、バッサリ切りたいこと、あまりお手入れに時間をかけたくないことを聞き出し、肩上のボブを提案した。鏡の前に座ってもうつむいたまま鏡を見てくれない。輪郭との似合わせを考慮するにも苦労する。両側から頭を支え顔を起こしても、またすぐにうつむく。表情も読み取れない。それでも切り進めていくうちに、少し変化が見えた。

上目使いに鏡を見てくれていた。カットが終わりに差し掛かる頃には頭を起こし、最後に前髪を切ると、あどけない少女の表情を見ることができた。

お帰りになる際にも、声にならない声で「ありがとう…ございました…」と唇が動いていた。笑顔とまではいかなくとも心なしか口角が上がった気がした。私もとても嬉しかった。

その３日後くらいだっただろうか、１本の電話が鳴った。その少女のお母様からだった。

「山口さん、聞いてください！　あの子、学校に行くって言ってくれたんです。明日、朝から学校に行くんです。ありがとうございました！」

胸の高鳴りが抑えきれなかった。受話器を持つ私の右手は震え、涙が頬を伝っていた。

もしかしたら、髪を切る決意をした時点で彼女の「変わりたい」意識は芽生えていたのかもしれないが、確実にその背中を押すお手伝いができたことを心から嬉しく、誇らしく思う。

このときに、「私たちの仕事は髪を切ることではない、切ったそのあとに起こるドラマこそに価値があるんだ」と確信した。

この件からもう15年以上になるが、今でも私の励みになっている。この中学生のことは一生忘れない。

この喜びを1人でも多くの理容師たちにも感じていただけるよう、現場での幾多の喜びをさまざまなシーンで伝え続けていきたい。

◇2号店を出すための4つのポイント

赤字なのに出店は危険

私は実家に帰ってから約8年後に2号店を出店しました。多店舗展開は外の人から見るとすごいですね！　とか儲かってますね！　などと称賛されることが多いのですが、自分の店の中身を知っているのは自分だけです。

それが黒字なのか大赤字なのかなど、他の人は知らないし言わないと思います。それが実際赤字であればただ見栄を張るためにしており、それを続ければ自分の首を締めるだけです。それならやる意味もないですし、スタッフにも売上を上げろ！　とばかり言うようになり誰も幸せになりません。

ザンギリは新店舗を出して半年で生産性は80万円、10か月で90万円に達しました。そのような結果につながった理由はいくつかあります。

・生産性80万円以上の売上が上がっているか
・近くにすること（徒歩10分以内）
・自分の育てた店長がいるか
・同じコンセプトにする

まずはこれが揃っているかが大切です。

①生産性80万円以上の売上があるか

［初期の赤字をカバーできるか］　要するにキャパオーバーになったということです。今の店（本店）ではお客様をお断りして迷惑をかけてしまうという状態です。忙しくもない店なので思い切って店の形を変えていこうとすることはとても危険です。

支店を出したときはいつから混んでくるかわかりません。半年は赤字の覚悟がいります。その中で本店も赤字、支店も赤字ですと火の車です。支店の赤字は本店の売上でカバーできることが大事です。

そのためにも店の家賃などの固定費にもよりますが、その固定費が本店で払えることができるかが重要です。そうでなければリスクが大き過ぎます。宝くじを当てに行くわけではないので、その部分をまず知っておかないといけません。

②近くにすること（徒歩10分以内）

［店が近いと臨機応変に対応しやすい］売上があることが大前提と言いましたが、その一杯になったお客様が行ける範囲がいいということです。それが徒歩10分以内です。ザンギリ2号店も本店から徒歩10分です。もっと近くにしたかったのですが、物件がなかったので10分の所にしました。それはお客様を逃さないということです。

新店舗の案内をしたときに常連様は1回行ってみるよ！となって誘導するとき、遠いと行く確率が下がりますよね。近くだとリスクもないです。

支店を任せるスタッフが移動したときにその担当者のところに行く際に、遠いとこれもリスクになりますよね。

そしてアシスタントのスタッフは店が混んでいるほうに手伝いにも行きやすいですね。

自転車を使えば5分で行きますし、非常に効率がいいです。近くにするメリットは非常に多いということです。

③自分の育てた店長がいるか

［同じ方向性を持ったスタッフがいい］これはもっとも重要で、自分の店のコンセプトや方向性を知っているスタッフかということです。何年在籍していたらいいかというのは、そこのオーナーがこの人ならと思うのならば、それに関係なくいいと思います。

私は10年いるスタッフに任せました。私もスタッフも支店をやることはなんでも初心者です。その際にしっかりとしたホウレンソウ（報告・連絡・相談）ができていないと対策ができません。一緒に店をつくっていこうという存在が必要です。

私の父も支店を出したときがありました。数年して閉めましたが、そのとき私に「自分の育てた人を店長にしなさい！」とアドバイスをもらいました。失敗からのアドバイスなので非常に響きました。そしてしっかりとホウレンソウしていい結果が生まれました。

④同じコンセプトか

［一貫性を持ったほうが混乱しない］支店をつくるときに値段を変えたりメューを変えようと考えたりしますが、それではスタッフも今までと違うことをやるので凄く負担になります。例えスタッフが移動したときもわけがわからなくなってしまいます。

完全にその人1人に任せるならいいかもしれませんが、人数も増やすなら尚更です。今までやっていることを全力でやってもらうことが一貫性があり、やりやすいですね。ただでさえ他の業務など違うことが増えてきますので、何事もシンプルに行くことが大事です。
まずは以上の4つができるかが経験上抑えておきたいポイントです。それができていけば3店舗、4店舗と行きやすいのではないでしょうか。

◇社会貢献のための2号店への思い

店舗展開は最初からやりたいとは思わなかった

私は実家に帰ってから約8年後に2号店を出店しました。それも狙ったわけではなく、たまたま2号店を出すことになりました。たまたまと言っても、ただやろうと思ったわけではなく、そのタイミングが来たと思い出店に至りました。

当時実家に帰ったばかりの頃は将来多店舗展開したいという気持ちは少しもありませんでした。とにかく店を繁盛させること、スタッフを一人前にすることをただひたすら考えていました。

そして店の仕組みも体系化しつつ人数も増えて生産性も100万円を超えました。このままではお客様もあふれ、スタッフも余るので2号店を出すことを決意しました。

そして初めて持ったスタッフも将来地元で独立したいことは当初から話していましたし、そのために店長経験をさせたいとずっと伝えていました。その思いも強くあり、店長も同席させながら準備を進めていきました。

あくまでも2号店は拡大をイメージした

2号店を出すときは絶対に近くと決めていました。2号店と言ってもお客様があふれている状態なので近場のほうが行きやすいですし、担当者が退職すると来なくなるお客様が多いので、スタッフが移動しても近くなので行ってもらいやすいです。

そして新ブランドとかはなくコンセプト等は一緒にしました。スタッフが店によって違うとミスもしやすいですし、ブランド力も弱まってしまいます。支店というより拡張というスタンスです。

予想通り初月からお客様も担当者について行っていただきました。本店も今まで10人ぐらい並んでいましたが、多少待ち時間が減りました。支店だけは予約制を取り入れて待ちたくないお客様専用にしました。予約で1日あくときは予約制ではない本店に来ることができるので、失客も防止できます。びっくりしましたが、2号店は初月年末に生産性80万円を超えました。店長もモチベーションが上がり不安なく任せることができました。ただ「かっこいいから多店舗展開」とかは考えずになぜ？　という気持ちが大事です。

◇趣味のボディーメイクでお客様全員マッチョ!?

Cut room FRANK　伊藤　敬二オーナー（東京都小平市）

もともと運動不足を解消するためにジムに通い始めたことがきっかけで自分の体が引き締まる

〔図表59　ボディーメイク〕

ことに快感を覚えていきボディーメイクのコンテストにも出場し入賞するまでになった伊藤オーナー。服を着ていても引き締まった筋肉を見てお客様から徐々に反応があったそうです。

もともと男性は筋トレが好きだったり、運動したいとかダイエットしたいという思いはありますよね。体を鍛えることは健康にもつながります。その楽しさを伝えるために自らコンテストにも出場し髪型を通じてトータルで格好良さを提案したいと考えたそうです。

髪型もそうですが食事法、トレーニング法なども提案するようにしているそうです。食事の時間やトレーニングの時間もボディーメイクには欠かせませんので、髪の毛を切るタイミングでアドバイスします。ですので、切る周期も一定でコントロールできています。その噂を聞いて同じ思いのある人たちが多くなります。

東京も郊外の場所にありますが、連日満員です。場所や値段は関係なくそこの場所に行く理由があるから行くわけです。自分がトータルでメンテナンスするという1点集中のコンセプトがあります。

伊藤オーナーは理容業界で腕はもちろんですが、ボディーメイクに関しては全国で一番になっています。私も実際会ってみて触りましたが驚くほどです（笑）。伊藤オーナーは将来的にトレーニング施設もつくってヘアメイク&ボディーメイクができ、いつまでも健康でいられる世の中にしたいそうです。自分の好きが仕事になっていることが素晴らしいです。

◇菅総理から感謝の電話

ヘアーサロンイガラシ　五十嵐　祐介オーナー（福島県南相馬市）

２０１１年の東日本大震災で家が避難区域にあったので家族全員が神奈川県に避難しました。その頃私はザンギリに就職しました。

その当時は祖父、父、母で理容室を営んでいました。避難時に祖父は78歳だったので避難を機に引退することになりました。そこで両親は2か月くらい仕事を離れていました。理容師をやるか別の仕事をやるか悩んでいました。そこで両親と私で話し合いをしていずれ田舎に帰って家族と店をやりたかったので理容師を続けてほしいと言いました。

そんなときにザンギリのマスターに就職先の話をいただき、母が永田町の参議院議員会館に就職しました。初めは議員さんばかりで忙しい方が多く、苦労したと言います。ただ重ねるごとに信頼関係が生まれてすごくやりがいを感じていました。

その中に現総理大臣の菅義偉さんも来ていただいていました。テレビの前とは違い凄く気さくで優しい方みたいです。そんな話をしているときは凄く嬉しそうでした。やっぱりこの仕事は目の前でお客様が喜んでくれる表情が見られるのが嬉しいと言っていました。

議員会館を辞めるときは菅首相を初め複数人の方が送別会をしてくれたり、新しい店を地元に帰ってオープンさせたときにお祝いの花等も送っていただきました。

私は正直な感想でただの一般人にここまでしてくれるのかと驚きました。総理になった直後、仕事で首相が福島県に来られたんですが、その際に家の電話が鳴り、出たら首相の秘書の方でした。最初はいたずらかと思いましたが、その後本人に電話が繋がり「久しぶりだね！　元気だった？店は順調？　懐かしくなって電話しちゃった！」等と言っていただいたみたいで凄く感動していました。この様子も全国の新聞で紹介していただきました。

私も今は地元で両親と一緒に仕事をしていて4代目ですが、常連さんや避難して他県や遠くに行った方の中にも通ってくれたり帰省したときにカットしにきてくれます。

こういう場面を見たときに本当に凄い仕事だなと思います。これからもお客様に喜んでもらえるようにしたいです。

◇ザンギリ育成枠で雇用を広げる

働く人も変化してきた

２０２０年コロナで世界が変わる中今後失業率が増える傾向があります。その中で将来の不安を抱える人は多数います。それを考えたときに手に職をつけたいと思う人も多いのではないでしょうか。

最近ザンギリでもそういった問い合わせが多いです。70歳の女性から理容免許を持っていますが、また働きたい、62歳の女性からこれから免許を取りたいのですが雇用していますか？　や美容師で、理容師免許をとったので理容室で働きたい、今一般の仕事をしているが昔やりたかった理美容誌にチャレンジしたいなど、雇用の形も変化してきました。

そこで今年から専門学校の学費免除という制度を入れることにしました。理容師をチャレンジしたいけどお金の面が厳しいということが必ずあります。そこをザンギリが負担をして仕事を頑張ってもらうことにしています。

もちろんいろいろな条件はあります。強制はできませんが最低5年は在籍するように理解してもらったり、ザンギリの方向性を伝えて、実際働いてみたら違った、ということがないようにお互い理解した上で採用するようにしています。

夢を叶えるのに年齢は関係ない

いくら面倒を見ると言ってもお互い理解をしないとストレスになりますし若いスタッフたちと雰囲気が悪くなります。そして28歳の男性を雇用することになりました。もともと美容師になりたかったのですが、家庭の事情で高校卒業後働かなくてはならないので諦めて仕事をしていたそうです。しかし将来のことを考え20代も後半になったので、もう一度やりたかったことにチャレンジしたいという決意をして探していたらザンギリを見つけたそうです。そのような話を聞いてぜひ頑張ってもらいたいと感じ雇用することにしました。

今後このような人が増えて理容師の魅力を伝えられればとても嬉しいですね。学費免除しますが今は国の助成金などもあります。キャリアアップ助成金などを使えば負担はあまりかからずできます。双方が喜ぶことの実現ですね。その彼が成長してそれを見て憧れ理容師を目指す人が増えれば嬉しいです。

◇自分を知ることで先を読むことができる

得意なことと不得意なことを知ると目的が早く進む

今は自分自身のスキルアップが必要不可欠になっています。1人で全部やらなければいけませんが人間限界はあります。私も実家に帰ってきて全部自分でやろうとしましたが、結局周りの人に助けられたことがほとんどです。人それぞれ向き不向きがあります。それを理解した上でやることが最短にうまく行きます。そこで自分自信を知るツールでウェルスダイナミクスというものがあります。

これはノーベル賞を受賞した最新の大脳生理学においての原理や、深層心理学の権威であるユングの分析心理学など、西洋の科学的アプローチを基礎とし、東洋の陰陽五行説や易経、春夏秋冬の考え方などを取り入れた全く新しいアプローチのプロファイリングテストです。

ウェルスダイナミクスを知ることで、自分のことが理解できるようになります。いち早く成功を手にするには、既に成功をしている成功者の真似をするのが早いというのは、よく言われていることですが、それは才能のタイプが同じ人を真似したときのみだそうです。自分はどんな才能を持っているのか？　その才能を仕事にどう活かせばよいのか？　を知ることができます。

不得意のことはなるべく任せる

私の特徴はスターという部類で何かをつくり出すということではなく、今あるものをもっとよく見せることができる素質がありリーダー的であるということでした。しかし、分析やお金の管理にはめんどくさがりでできにくいということでした。実際そうでしたが、自分の目的に合わせて得意はそのまま伸ばし不得意な部分はそれが得意の人と協力してもらいながらやって行くと物事がスムーズに動くということです。事実ザンギリのマニュアル、仕組みづくりはスタッフからの提案でつくることになりました。そのまま行っていたらその場の成り行きとなんとなく行き当たりばったたりのマニュアルになっていたと思います。これはたまたま周りにいい人がいたのでできましたがそれを明確にすることができるのがこのウェルスダイナミクスです。もちろん楽あり苦ありですが自分を知ることで目的まで一直線に突き進みます。

自分の価値観を知ることが大事

やはり人から何を言われようが、どう影響されようが、人の話を素直に聞くことは大事です。そして、そのことと同じくらい（あるいはそれ以上）大事なことが自分の価値観を知ることです。価値観を知ることができれば、ずっとそれをやっていても時間を忘れるほど熱中できます。しかも、ストレスは全く感じません。私もコロナ禍で自分を見直す時間をつくるようになり、人生デザイン構築学校で自分の価値観とはなにかを勉強しました。そしてそこで自分の価値観を再確認することができました。

自分の価値観を見つけられると充実感、満足感、幸福感を今以上に感じられるようになります。大金持ちだけど不幸というようなこともよく聞きますよね。私の価値観は「みんなが喜ぶ場をつくる」でした。自分ではなんとなく気づいてはいましたが､やはりそうだったのかと確信できました。今までのやってきたことでみんなが喜べば自分も嬉しいということだったのです。失敗してもあまり落ち込むことはなく次に切り替えられました。自分の価値観がわかればそれを仕事にすれば必ずうまくいきます。

おわりに

最後までお読みいただきありがとうございました。時代は歴史的危機かもしれません。大変と書いて大きく変わる、です。本書を手にしてくださったあなたの志事がうまくいく一助になれば幸いです。

本書をプロデュースしてくださった須賀様。

本書掲載するにあたってご協力いただいた皆様。

この理容師という仕事の素晴らしさを教えていただいた両親。

毎日仕事に忙殺される中、ただでさえ少ない休みをけずり家族の時間が取れないのに決して不満を言わずに愛する子供たちと協力してくれた妻。

私のわがままを聞いてくれて、それを素直に受け入れ行動してくれているザンギリスタッフ。

そして、まだまだ未熟な私を日々あたたかく見守ってくださっているすべての方々に感謝申し上げます。ありがとうございます。

大平　法正

著者略歴

大平　法正（おおだいら　のりまさ）

1981年6月4日東京都出身。

新宿で創業44年、延べ人数60万以上が利用した、日本一出世するビジネスマンが多い理容室ZANGIRIグループ2代目（現在3店舗）。実家を継ぎ10年で売り上げ3倍にする。10年間スタッフの離職率ゼロ。

窪田理容美容専門学校卒業。創業120年以上続く理美容室の老舗「KINOSHITA」で8年勉強後実家を継ぐ。人材の評価基準と教育の体系化を学ぶため、放送大学卒業。本物の理容の価値を伝えるべく、日本初の政治家髪型診断家としてもメディアに多数出演（日本テレビ、月曜から夜ふかし等）。

東京都理容生活衛生同業組合講師、嘉祥流観相学導師。


繁盛続ける理容室のお客様から愛されるお店づくり

2021年9月1日　初版発行　　　2021年10月13日　第2刷発行

著　者　大平　法正　© Norimasa Oodaira

発行人　森　　忠順

発行所　株式会社 セルバ出版
〒113-0034
東京都文京区湯島1丁目12番6号 高関ビル5B
☎03（5812）1178　　FAX 03（5812）1188
https://seluba.co.jp/

発　売　株式会社 三省堂書店／創英社
〒101-0051
東京都千代田区神田神保町1丁目1番地
☎03（3291）2295　　FAX 03（3292）7687

印刷・製本　株式会社 丸井工文社

Printed in JAPAN
ISBN978-4-86367-692-3